〈兆候〉の哲学　目次

〈兆候〉の哲学　思想のモチーフ26

兆候、湖、異郷、異教

どうやらこの本の文章は、さまざまな〈兆候〉をめぐるものとなった。ひとつのあまり意味のない単語から出発して（例外もある）、さまざまな時期に心身に折りたたまれた記憶、印象、出会い、書物や作品の断片を〈兆候〉として掘り出しながら、それらをめぐって回想であり、思索であり、批評であり、幻想であるような言葉を書き綴った。

幼少年期をすごした湖岸や谷間の地形を回想しながら、そういう地形が、知覚や性格や資質に影響を与え、やがて思想のモチーフに注ぎこんでいくまでの脈絡が、徐々に浮かび上がってくるようだった。少々の自伝的要素と、多くの読書感想記のあいだに、ある思想的脈略を発見していたかもしれない。結果としては、私の思想のほとんどすべてのモチーフを点検し、それをモザイク上に象嵌するような作業になったかもしれない。

「かもしれない」が続くのは、〈兆候〉は何かを知らせるが、決して確実な全体を知らせるわけではなく、その意味も決して読みきれないからである。折りたたまれた襞の下に、さらにどんな襞が隠れているか、十分につかめることがないからである。〈兆候〉は、単語のように意味を規定しうるものではないからである。もちろんこの本では〈単語〉も、あくまで兆候とみなしているので、その意味はねじれ、変質し、散逸しては、ときどき凝集する、というふうだった。

たとえばひとりの建築家が、子供の頃遊んだ風景の中の墓地や廃屋、森や海辺、家や教会や学校や小劇場を思い出し、単に自伝を語っているのではなく、その空間に立ち戻り、そこから浮上してくる〈兆候〉に注意をとめながら、それらのあいだで、ほとんど実現不可能な奇妙な建築を構想するようになる。遠い部屋の記憶は、ある幸福の観念に結びつき、彼にとって建築の目標は「幸福」となる。しかし部屋の記憶はあくまでも建築の内部で生きられた記憶であり、そのような幸福の記憶は、決して建築によってつくられるわけではない。建築はあくまで外部にしかなく、内部に介入することはできないからである。

それでもこの建築家は、幸福の建築を構想し続け、ドローイングを描き続けるだろう。それは〈兆候〉のデッサンでしかないようなドローイングだが、〈兆候〉に執着することによって、彼は建築の外部と内部の障壁を超えるのである。

この建築家とは、『科学的自伝』という奇妙な本を書いたアルド・ロッシのことである。しかしここに素描したこの建築家の「肖像」は、彼のとりあげた様々な〈兆候〉をもとに、私がかってに描いたものにすぎない。彼の自伝に次のような文章を読んで、私は驚愕した。

まさに、機能や歴史、夢や感情、肉欲や疲労感を通り越してしまった建築が、緑がかった薔薔薇色の光に近付きながら、あまたの事物によって濾過されて遂に白い色、もしくは湖、遠く離れた湖に戻っていったのだ。

様々な兆候を通じて、兆候の間に、兆候に忠実に、ほとんど実現不可能な建築を構想し続けた建築家は、湖の〈兆候〉に戻っていった。そして「ほとんど緑色だけが支配するただの部屋」にむかって建築は転落する、などと書くのだ。

二十六の断片をならべたこの本のちょうど中ほどで「湖」(宍道湖)の回想を語っていたことを、私は思い出したのである。それだけではなく、兆候をめぐる思考の危機と、転落、回帰の道筋が、この『自伝』にくっきりと描いてあったことに驚いたのである。そして「建築」を斥けるものとは、「部屋」と「湖」だけではない。「小劇場」(テアトリーノ)もそのように反建築的観念なのだ。「小劇場」は「劇場」よりも、はるかに〈兆候〉に富んだ場所である。そこには私的次元、特異性、反復性、秘密の雰囲気、子供っぽさ、仮そめの性格、小さな舞台と装置から、「際限のない類推」が生まれるのである。テアトリーノ、万歳!

アルド・ロッシの「自伝」はおよそ自伝らしからぬ自伝であるが、建築の発想のモチーフをそのような兆候、記憶、回想と結びつけて、その兆候から決して異次元に移らずに建築を省察する過程そのものである。しかも、その兆候に忠実であろうとすれば、建築家は建築を斥けるしかない。兆候はそういうパラドックスをともなう。そういうパラドックスそのものが兆候である。

「湖」は決して単に「故郷」の湖のことではない。

そこで「異郷」と「異教」について、私は考えた。

故郷を思う人は、必ず異郷にあって故郷を思うのだし、たとえ異郷になくても、故郷とのあいだで一度引き裂かれた末に、異郷として故郷を思うのだ。故郷を思う私の魂には、幾つもの裂け目、継ぎ目、折り目ができている。

ひとつの魂は、いくつもの異境からなる。それらをたどる日本語も、いくつもの異音を響かせ、異貌をかいまみせる。そして異郷（異境）は異教の地でもある。

ひとつの魂が、自分自身に対して異教徒であり、異邦人になっている。輪廻転生の観念は、誰も前世の記憶をもたないからこそ、少しだけ説得的である。前世の記憶がなくても痕跡はあるというわけである。私の魂の中の先住民、いくつもの獣、花や貝や鉱物、異郷や異教のもの……。

「異教」という言葉からは、何か不穏な響きが聞こえてくる。私たちの列島にも残酷な宗教対立の歴史が皆無だったというわけではないけれど、むしろ押し寄せてきた新しい信仰と融和し、折衷することを習性にしてきた歴史の果てに、私たちは生きている。異教とはなるべく仲良くして、混交し、いつしか混交したことさえも忘れてしまえばいい、というふうなのだ。

「異教的」、「異教徒」を意味する païen というフランス語に始めて出会ったのは、ランボーの『地獄の季節』を、一語一語、辞書を引いて読んだときだった。会話ができるようになる前に、とにかく読みたかったフランス語の本がそういうものだったから、たとえば『地獄の季節』で初めて遭遇した単語がいくつもあったのだ。「異教徒の血がめぐってくる！」

その異教とは、キリスト教にとっての異教であり、とりわけ古代ギリシア・ローマの多神教が異教なのだった。もちろん仏教も神道も、キリスト教にとって異教であり、私たちにとってはキリスト教も、イスラム教も異教ということになる。

日本の地方都市に生まれ、格別な教養もさずかっていない若者が、突然フランスの詩人の訳書に夢中になるというようなことも、いわば遠くの異教に染まったことだったのだ。そして私たちは西洋の文明に半身をひたしながらも、まだ異教徒であり続けている。

アルファベットの単語から出発して、二十六の断片的文章を日本語でつづることも、すでに異教的な行為であるが、異教性ということが、（兆候とともに）この一連の文章に潜むテーマであることに、書きながらだんだん気づいてきた。対話とは、異教のあいだの対話である。それらの異教に名前があってもなくてもかまわない。

異教は危険でもあり、魅惑でもある。しかしもともと異教徒とは、キリスト教の啓示を受けつけない野蛮な、辺境の地（異土）に住む人々という意味で、神を信仰しない文明以前の暗闇の住人というニュアンスさえあったのだ。

「異教という言葉は、あらゆる社会に向けられた挑発のように響く」。そんなふうにあっさり書いた作家がいる。「一種の陶酔と寛容によって、異教徒には、自分自身にも、他のすべてにも、あらゆるものにうやうやしく接近することが可能になる。決して自分を低めることなく」(『恋する虜』)。

若いときには泥棒だったジャン・ジュネにとって、その異教とはまず「悪」であり、死刑囚は、彼にとって「聖人」なのだった。そういうジュネ自身が、高名な哲学者によって皮肉にも「聖ジュネ」と呼ばれるようになるが、やがて泥棒の生活から足を洗っても、ジュネは「異教徒」であり続けた。制度と権力に敵対し、西欧の覇権や植民地支配を憎み、民族的マイノリティや追放された民を擁護することを強靭に続けて、最後にはパレスチナ人の抵抗に同伴した日々を記す長大な書物『恋する虜』を書き終えて生涯を閉じた。

キリスト教を信じず、自分が情熱的に同伴したパレスチナ人の宗教も信じない元泥棒作家は、しかしあの本の最後で、パレスチナを象徴する青年と母親のカップルを選び、それをまるで聖なるイコンのように描き出した。そのイコンを、十字架から下ろされたキリスト*を抱いて悲嘆にくれるマリアの像(ピエタ)に重ねたのだ。こんなふうに異教のイコンを、異教徒の戦いの象徴にしてしまったジュネは、最後まで倒錯的だった。彼が愛したイスラム教徒たちに対しては不遜な裏切り行為だったともいえる。しかしジュネの描いたピエタ像で、死んだ若者は母に守られ、その若者は目を瞑りながら母を慰め、たがいに役割を交換しあい、変身し続けるのだ。ジュネの異教性、倒錯、裏切りが、これほど優しい結合や交換や共存のかたちにたどりついたのは驚きである。
ある宗教が、異教をあえて異教と名づけたのは、もちろん異教と異教徒を排除し、結束を固めるためであっただろう。みずからを異教徒と呼ぶとき（「異教徒の血がめぐってくる！」）、その人の中で、ふたつの異なる信仰が、または出自が、隣り合い、軋みあっている。出会い、葛藤、衝突、交通、対話、……様々な出来事が発生する。そこで、みずからを異教徒と呼ぶものたちの共同体があるはずなのだ。もちろん異教徒を排除することによって、わが神、わが領土、わが起源を確かめなければ気がすまない人々の共同体も、依然としてある。

思考はどうしても断続的であり、心情は一定せず、間歇的である。生きられる時間は、不連続であり、たえず速度を変え、しかも休みなく連続している。もし神が永遠であるとすれば、神には時間など存在しない。人間を時間のなかに導きいれた神は、邪険な神である。時間のそういう本性と兆候に忠実であるなら、断片的に書くことは避けられない。異教徒の記す言葉は、断続的であり、断片的である。つまり兆候的である。

＊　十字架から降ろされるキリストのイコン（降架図）は、まさにイコンとして伝統的主題として定着してしまったが、脱力し沈黙して、ただ重力にしたがうキリストの身体は、まさに兆候に充ちていて、十字架の

身体とは別の〈舞踏〉さえ表現している。ロッシの『自伝』の「降架」に触れたくだりも印象深い。「物事の確定できない側面、つまり力学の法則から外れ、キリストの身体の重みの前に悲しげにひざまずく女性のまなざしが輝きを放っているといった側面」は、やがて絵画上のしきたりとなって注目されなくなったが、磔刑にまったく逆方向の意味を与えた図像は、十字架のキリストとは別の兆候に充ちている。

宍道湖
（1979 年頃、ポラロイドで著者撮影）

Aube　夜明け

明け方、目覚めかけた頭に少しずつ浮かび、うねる。縮れては撓む。ほどけた帯状の半透明なものが漂う。波打ちぎわにいる。光のようなもの、影のようなもの。霧、渦、染み、泥、それらがもつれる。重なる。ねじれる。散らばる。ゆるやかに溶ける。遠くが近く、近くは遠い。目覚めは、暗い体のごく一部に広がる明るみにすぎない。かろうじてまどろみを見つめる。見えないものを見つめる。

訪れたばかりの故郷の空気、湿気。老いていく母の足腰。城のまわりの暗い坂道、林、堀川。ラフカディオ・ハーンの住んだ家。紙と木でできた箱。棺の中の弟。育っていく異星人のような娘たち。曇り空にとぐろを巻いて広がり溶け込んだ湖、乳白色、燻し銀、鉛色、灰色、菫色の様々な色調。

一瞬、無防備な子供の体がよみがえる。

記憶……感覚……夢の残り……形にならない構想……劇のイメージ……物語の破片……時間と空間がそれぞれに縺れ、たがいに縺れあう。混乱、まどろみ。宙ずりの意識。やわらかい泥の中。

「まだ輝いたことのない曙光がある」。まだ輝いたことのない光を見るのは、どんな眼だろうか。いや眼ではない別の器官だろうか。ニーチェの「曙光」のはじめのページに引かれた「リグ・ヴェーダ」の一節だ。

考えたことを、数式のように明晰にしなければという強迫。そんな言葉では誰にも伝わりませんよ（ある経済学者が言った）。時間について考えていたのだ。時間とは決して一挙に与えられないものである。決して襞を開かないもの。出来事と出来事、イメージとイメージのあいだ。見えない時間、聞こえない時間。「まだ輝いたことのない」時間。

決してとらえられない時間に、すっかり私はとらえられている。「いま何時？」と聞かれても、家の中の時計はどれも止まっている、止まっていなければ狂っている。正しいとき？　誰が決めたのか。「あと何年生きるのか」。私の時間なんてものはない。世界の時間を少しずつ盗んでいるだけだ。そして盗んだ時間がまた盗まれる。あと何日、何時間。いつのまにか。いつだって、いつのまにかで。「いつ」は計り知れない。

記憶……感覚……夢の残り……まどろみ……形にならない構想……劇のイメージ……物語の破片……これらの交錯。これらの交錯など何ものでもない。しかしいまは、これらの交錯以外に何もない。世界の、混乱した表象。身震いするモナド。

物語ではない、作品でもない、文章でもない、句読点だけ。言葉が落ちていく、消えていく。吐息だけになる。

吐く息、吸う息、それぞれの息の色。たとえば青い叫び。紫の叫び。オレンジ。体を貫く色彩。いや無色。「まだ輝いたことのない曙光がある」。

声が見えない。声を発する姿も見えない。声のなかには、いのちのしるしが含まれているはずだ。しかし声はそのしるしを拒むのではないか。いのちが声を発するのに、声がそのいのちを抑えつけるのではないか。声よ！「自分が何を言っているかわからない」。「これは私の声じゃない」。

書く私は、遠くにいる。もう何も書けない。声を失っているからである。話しているではないか。声を発しているではないか、といわれようと、その声は私の声ではない。声が見つからない。声は死んだ。声は言葉に奪われた。まだ聞いたことのない声がある。

やはり光に期待するしかないのか。光は時間よりも、声よりも明らかで、世界にあふれているからだ。ラフカディオ・ハーンは日本に来るまえにマルティニーク島に住んだことがある。カリブ海と大西洋の間の熱帯の島である。「なんだかギラギラ照っている青空が、自分の頭の中に落ちてくるような気がする。白い舗道や黄色い外壁のギラギラした光が、体のなかに沁みこんで、いままでおぼえたことのない精神の混乱がおこって、思考が朦朧となってくるような気がする。世界じゅうが炎になって燃えだしたのだろうか。紺碧に眩めく海が、白熱した坩堝の火のように目をくらまし、目を痛くする。山の新緑が呆れるほど、キラキラ、ギラギラ閃き燃える。目をあけるとまた眩むような光が恐いから、しっかり目をつぶったまま、ふらふら手探りで歩く。とにかくこのピカピカ、キラキラした中から逃れなければならないことだけは、うすうすわかっている」。島に着いてから熱帯の光に魅せられてきたラフカディオは、このとき熱病にかかり、紺青の中に燃え上がる世界を見ていた。そして、約一年半の滞在のあとマルティニークを去ろうとする船からも、まだ「紺碧の海流」を見る。

「それからはただもう空と海の巨大な二つの視界があるのみだ。空は、目をつぶすような青のドームで、世界の果てで幽霊めいた緑色にかげり、薄暗くなっている。夕刻を除いて雲ひとつない。やがて日没とともに、小さな羽毛のような片雲の軽やかな金色の流れが西方に現われ、炎の雪のようにそれが空を点描する。海は、いまやその澄んだ輝きは、どんな花の色にも比べられない。色合いがすっかり変わり、いまわれわれは〈紺碧の海流〉Azure Stream のなかに入りこんだ。それは焼け焦げる青素 cyanogen の壮麗さより以上のものである」。この脳天を裂くような燃える青の印象が、頭のどこかにはりついたままなのだ。

熱帯の光の中の熱病……記憶……感覚……夢の残り……形にならない構想……まどろみ……劇のイメージ……物語の破片……これらの交錯……時空の縺れ。

冬の明け方、漂う感覚と散乱するイメージの間で、まだ何も考えられないまどろみのうちで、私は何ものでもなく、何ものでもある。乏しい光の中で、まだ見たことのない光さえ見ている。まだ聞いたことのない音や声さえ聞いている。存在しえない最高の表現を前にしている。存在する表現は、どうしてこういうものではないのだろう。存在することは、どうしてこんなに窮屈で、みじめで、限定されているのだろう。

「まだ輝いたことのない曙光がある」のなら、ある朝、ある真昼、ある真夜中、それを、まどろみのうちにでも見たことのあるものはいるのか。

あなたは、未知の光や音、まだ口にしたことのない食べ物や飲み物のある桃源郷の話でも始めたのかしら。そういうことはいちばん疑ってかかっていたのに。ロマンチストでもユートピア主義者でもないのに。ユートピアとは、どこにもないところなのでしょう?

こういう介入は急に私を目覚めさせ、夢の名残りの時間を氷解させてしまう。けれど、ひとつのことに私は気づいた。「まだ輝いたことのない光」とは未知の光ではなく、いつか見える光でもない。決して見えることはないけれど、もう見たことのある光なのだ。それを私はある時間の中で見たが、その時間がいまはもう見えないのだ。まったく矛盾した言い方しかできないとしても、これはまさに時間という現実が要求することなのだ。

「目に見える光でこれほど明るいものはなく、聞こえる音でこれほど高く耳を打つ音はない／水たまりの波の中で空気をすばやく動かし、振動させ、すべてを奮い立たせる、どこか別のところで、あらゆる記憶、あらゆる残響を」。それゆえ彼女は、その光を見、その音を聞いたのだ。それがさらに別の場所に伝わり、記憶と残響を奮い立たせる。それは幻想でも、発作でも、恍惚でもなく、知覚されたのである。知覚の知覚なのである。

彼女、テレサ・ハッキョン・チャは、ある日ニューヨークで、知らない男に殺された。

書くことによって、私たちは過去のすべての詩人たちの言葉を追悼することしかできないのか。ただ追悼するために「まだ輝いたことのない曙光がある」とつぶやき続けるのか。

物語の破片……殺された命……殺されなかった言葉……殺された言葉……殺されなかった言葉……声……知覚の知覚。

あの暁の時間に、様々な言葉、感覚、イメージの間にいた。形も、思考も、方向も定めずに漂っていた。どこに誰がいるのか、自分が誰かもわからず、熱帯の青と山陰の空の燻し銀の色が隣りあっていた。混沌の中で、混沌にむかって書かなければ……と、おぼろげにつぶやきつつ、言葉以前のところにいた。言葉なしに生きられない自分が、言葉なく横たわっていた。言葉にとってはまるで死んだもののように、渦巻く体になってまどろんでいた。

Bonheur　幸福

「俺の親父？　やられたよ。みんなやられた。家族でおれがたったひとりの生き残りさ」

「フェイヴィシュの息子のベリシュ？　ロシアで飢え死にした——カザフスタンに送られてね」

「ソレーレかい？　撃ち殺された。子供たちといっしょにね」

「アブラハム・ジルベルスタイン？　シナゴーグでほかの二十人といっしょに焼き殺された。ただ炭が一山残っただけさ、燃えかすと灰だよ」

「おれたちだってすれすれのところだった！　おれたちはみんな、ほんとは死んでるんだ」

「人間がこんな人殺しなら、子供なんかもってもしようがないだろ？」

イディッシュ語の作家アイザック・B・シンガーは、ほとんどいつもホロコーストを生きのびたユダヤ人たちをテーマにして、奇妙なユーモアの漂う作品を書き続けた。イディッシュ語を話した東欧のユダヤ人の人口は、絶滅収容所によって激減した。ところが消滅しつつある言葉で書かれた、そのシンガーの小説の語り口は、なぜか、とてつもなくナイーヴな主人公たちの印象とともに、ほかにない「幸福」の感触を伝えてくる。私は間違っているのだろうか。ユダヤ人がこうむった破局的な「不幸」との対比でそう感じるのではないか。いや、たぶんシンガーの小説が、物語に対するまったくゆるぎない信頼から成り立っているから、そう感じるのだ。

登場人物たちも、たえず物語し、物語に耳を傾けている。たとえばショーシャという娘が語る。「あたしたちがあそこに住んでたとき、悪魔が夜、馬小屋に入り込んで、馬の尻尾とたてがみに小さなお下げを編んだわ」「悪魔は馬にまたがって、一晩中、壁から壁へと乗りまわした。朝になると馬は汗びっしょりだった。口に泡がついていた。死にそうだったわ。どうして悪魔はそんなことをするの？」

物語する能力を失った民たちは、テレビやアニメやゲームにそれを求める。手を変え品を変えて、幸福の物語を求める。物語ることそのものが幸福であったことなど、夢にも思わない。幸福の物語がまやかしだとしても、物語を共有することの幸福は、まやかしではない。

〈幸福〉は、なぜか、ひとつの部屋のイメージの中にある。なるべく簡素な部屋がいい。テーブルと椅子、洋室なら、しっかりしたベッド。窓はぜひとも必要である。いちおう清潔な床、壁に少々の絵か写真。

そういう部屋を繰り返し描いたのはヴァン・ゴッホである。実はもっと古いフェルメールの絵の部屋からも、そういう印象を受けることがある。しかしこれは別にオランダ人の特技というわけでなく、エドワード・ホッパーの描く部屋にも「幸福」の印象がある。誰もいない部屋、あるいはそこに誰かいるとしても、誰かわからない匿名の人物が、放心状態で、あくびなどしているか、単純な仕事をこなしているだけだ。

ゴッホは『ゴッホのアルルの寝室』と呼ばれる絵について手紙を書いている。「さて、僕は、この何もない室内、スーラ風の簡素さを示すこの室内を、非常に楽しんで描いた。平塗りだが筆使いは荒く、厚塗りの部分もある。壁は淡いライラック色、床はさめた赤、椅子とベッドはクロームイエロー、枕とシーツはとても薄い緑がかったレモン色、掛け布団は深紅、洗面台はオレンジ、洗面器は青、窓は緑、それらさまざまな色調によって、僕は〈絶対的な休息〉を表現しようと思ったのだ。分かるかい。そして、この絵の中には、黒い枠をもつ鏡の中の小さな部分に白が使われている（それは第四の補色関係を作るためだ）のを除いて、白はいっさいない」。「ここでは色彩がすべてで、その簡素さにおいて、物にいっそう堂々とした様子を与え、そして〈休息〉とか眠りとかを暗示するはずだ」。

〈幸福〉はゴッホのいう〈休息〉と関係がある。〈部屋〉は、活動の場ではなく休息の場である。この〈部屋〉があまり贅沢な調度でみたされていたりすれば、そこは使用人の仕事の場になってしまう。むしろ〈部屋〉を維持するのに、わずかな掃除、造作、装飾でたりるのがいい。権力者や富豪の部屋に（たとえ彼らが幸福であろうと）〈幸福〉はない。〈幸福〉はつつましさと本質的な関係がある。また匿名性とも関係がある。今では誰もが知るこの画家も、当時はおかしな絵を描く、みすぼらしい狂人にすぎなかった。ゴッホの〈幸福〉な部屋は、実在したかどうかわからない。彼の寝室は、彼の色彩とともに存在した。戸外では激しくうねって呻吟していた破局的な色彩の渦が、この部屋では均衡をえて休息している。〈幸福〉は、彼が簡素な色彩によって存在させた部屋そのものである。


「あなたは幸福ですか」

「関係ないだろ」

「あなたは幸福ですか」

「そんなこと聞いてほしくないね」

「あなたは幸福ですか」

「幸福の定義によるわ」

「あなたは幸福ですか」

「幸福なときもあれば、不幸なときもあったわ。当然よね。両方少しずつあったわ」

「あなたは幸福ですか」

「幸福よ、七十歳だけど、健康だし、いい夫にめぐまれているもの」

「あなたは幸福ですか」

「みじめなことばかりさ。最近妹が死んだんだ。まだ四十四だったのに」

「あなたは幸福ですか」

「幸福よ」
「あなたは幸福ですか」
「もちろん幸福よ」

（ジャン・ルーシュとエドガー・モランの映画『ある夏の記録』*Chronique d'été* より）

ゴッホはあの〈寝室〉の絵を三度描いている。三つ目の絵では、部屋の歪んだ形が修正され、より静かなものになっている。第三の〈寝室〉を描いてから一年もたたないうちに、胸にピストルの弾を撃ち込んだ。

それにしても、幸福だったかわからないゴッホのあの部屋が、なぜ〈幸福〉の印象を与えるのか。この〈幸福〉とは一体何なのか。なぜ私は〈幸福〉の印象を、この部屋の絵に見出すのか。まだ謎なのだ。

それはある〈休息〉の印象と関係がある。つつましい物たちの配置も大切な要素である。色彩の構成のもたらす喜びも、その要素である。時間が止まっている。この完全な幸福の印象は、むしろこんな部屋は時間の中に実在しなかったと思わせる。この幸福は、止まった時間の中、つまり時間の外にしかなかった。時間の中にあった現実のゴッホは、むしろひどく不幸な男ではなかったのか。しかし彼がこの〈寝室〉の絵について書き残した手紙は、歓びにみちている。時間が止まっている。色彩も、物も、それ自身でみちたりている。そこに人間はいない。人間は外に出かけた。あるいはもうすぐもどってくる。あるいは二度ともどってこない。でも、とにかくこれは人間の描いた絵なのである。

これを描いたとき、確かに画家は幸福であったにちがいない。けれども幸福な絵を、幸福な瞬間とともに描いた画家は、無数に存在する。さきほど私はホッパーの例もあげたではないか。ホッパーの絵は「私をしてあの時間を超えた奇跡という体液停止の感覚、永遠にむかうテーブル・セット、いまだかつて口にされたことのない飲料、自分自身でしかない事物へと回帰させる」。この印象さえも〈幸福〉と形容していいのか、わからない。

ホッパーについてこんなふうに書いたのは、建築家として、少し奇妙な〈幸福〉を追求したひとアルド・ロッシなのである。いったい〈幸福〉とは時間が止まることなのか。時間が変質することなのか。時間が消滅することなのか。

この建築家が最初に構想したのは、「峡谷の深い霧や、大洪水のあと何年も見棄てられてきた河辺の廃屋とともに存在する墓地」なのであった。「これらの廃屋に入ってみると、湿気に加えてさまざまな氾濫の徴が認められるほか、壊れたコップ、鉄製の寝台、粉みじんになったガラス、黄ばんだ写真などが眼につく。終わりのない死の世界を秘めて河が出現するところに村落がある。そこではただ徴、痕跡、断片のみが残される。にもかかわらず、これらは人々がいつくしんでやまない断片なのだ」。

あなたは幸福について語る。幸福の不在についても語る。廃屋の間の墓地を夢に見る。廃屋の中の残骸の間に震える冷たい光に幸福の徴を読む。そして突然、まっさかさまに落下する部屋に住むことは可能か、と考えたりする。存在しない空間を描こうとする。幸福の形態を追求する。この空間は幸福そのものであり、幸福の不在そのものである（「この虚のスペースは幸福であり、かつまたその不在である」）。突然あなたは建築に興味を失う。たぶん幸福は内部にあるからである。ゴッホの部屋だからである。幸福とは、ブラインドの向こうで休み、そして愛しあう肉体の光、形態、色彩、その肉体の疲れ、けだるさ、消耗に属するからである。あなたが幸福を追求するなら、時間を止めようとするなら、あなたの建築にそういう内部がないなら、幸福は得られない。ほんとうはゴッホの部屋で、時間は止まっていない。たぶん、その部屋は時間そのもの……時間の形そのもの……あえて「時の機械」とあなたは建築のことを呼んで「幸福」のプロジェクトを諦めなかった。

「ゴッホのアルルの寝室」（1889 年）

フェルメール「眠る女」（1656-57）

Crayon　鉛筆

鉛筆の芯を紙にこすりつけ、紙のくぼみに粉を埋め込み、芯を動かし、走らせる。芯をぶつける。点を刻み、線を引くこと、形を描くこと、形でも線でもなく文字を書くこと。ときどき、白紙が輝いて見える。白のほうがきわだって見える。たくさん文字で埋めても、白のひろがりのほうがはるかに大きい。その白を傷つける。わずかに白を隠す。白に刻まれた傷の上で震える何かがある。何か声のようなものだ。紙を刻む芯の音も、その声に覆われる。奇妙な傷、奇妙な声、それらがもつれあっているのに、もつれていることは意識されない。むしろ意識は、この傷、この声そのものから作られている。無音の声が、鉛筆を動かす手を導いている。手はときどき、この声の導きにしたがわない。手はあらがう。すると声が引き裂かれる。分裂した、いくつかの声が重なる。手はもう進まない。あるいは歪んだ軌跡を描く。渦をまく。声がやむ。手は、声なしで、かってに進む。声は、手から離れて、宙に浮く。こんなふうにして文字を書きつける。声に導かれて。文字を導く声は、文字よりも強い。しかし線を刻む手は、かってに進むことがある。声が分裂し、途絶し、あるいは重複することもある。しかし声を導くことはできない。声から離れていくことしかできない。声とは、言葉という声のことである。

言葉とは、無音の声、意識そのものである声のことである。書くことをやめてみよう。ただ声を出してみよう。言葉でもいいし、言葉でなくてもいい。無音の白い声を忘れよう。しかしこの言葉さえも、無音の声に導かれているのではないか。声に導かれること、声の力に追随すること。いや声自体をとりもどすこと、紙の白を刻む感覚で声をみたすこと。どうしても闘いになる。これらすべてを分解して見ることはできないか。声、無音の声、鉛筆の痕跡、声に導かれる痕跡、導かれない痕跡、引き裂かれる声、いくつもの声、意識、無意識、感情、感覚、記憶、これらすべての記憶、これらすべての力、せめぎあい、結合、ずれ、共振、不快な共振、共振の快楽。声と体を分離すること。声と体を分離したままで、共振させること。共振させないまま重ねること。声と身体は決して馴れあってはならない。

幸福な共振、幸福の追求、幸福な部屋。ゴッホの手紙、アントナン・アルトーのノート……テレサの〈書き取り〉「彼女は、もし書くことができたら、生き続けるだろうと、自分自身にいう。もし中断することなく書き続けるなら、と自分自身にいう。もしも書くことによって現実の時間を廃止できるなら、と自分自身に。彼女は生きていくだろう。現実の時間を自分の前にありありと示すことができ、その目撃者になることができるなら」。

殺された詩人たち、テレサ・ハッキャン・チャ、ヒトマロ、サネトモ、マンデリシュターム、ロルカ……。

彼女が見たもの、紙とペンの間、言葉と身体の間、石と光の間、墓と死者の間。現実の時間をありありと示すことと、それを廃止することとの間。
「ひとつひとつ風雨に打ち捨てられた言葉、
明らかに言明され、時にさらされ。
もしそれが跡を残すなら、言葉の化石の痕跡、
言葉の滓になり、廃墟が立つように立つがいい、
ただ刻印として
それ自身を遺棄しながら、時間に、距離に」
言葉、廃墟、建築、幸福、まだ輝いたことのない曙光……

眠る男がいる。静かに目覚める。わずかな光が頭の空洞に点る。体はガラスの棺のなかにあり、棺は宙をゆるやかに漂う。劇場のイメージ。

テーブルで一心にサラダを食べている女がいる。隣に新聞を読んでいる男、ハムレットの「生きるべきか死すべきか」のくだりをゆっくり、ぶっきらぼうに朗読する。地面は砂地、夜明けの光。

ゆるやかに宙を舞っていた棺はいつのまにか消える。朗読が途絶える。女の叫ぶ身ぶり、叫ぶ声は聞こえない。何度も叫ぶ身ぶり。男はおもむろにシャツをぬぎ、上半身裸になる。上半身にはくまなく文字が書いてある。

いくつかの声がたちのぼる。「アブラハム・ジルベルスタイン？　シナゴーグでほかの二十人といっしょに焼き殺された。ただ炭が一山残っただけさ、燃えかすと灰だよ」「おれたちだってすれすれのところだった！　おれたちはみんな、ほんとは死んでるんだ」……。

そして幸福に関する無意味な対話。その間、暗闇に、金色に光る二つの耳が浮かんでいる。

もう演劇は不可能である。私たちは、まだお喋りすることはできても、声を失ったからである。もう舞台で再現できることなど何もないからである。劇場の外で流れる時間をとめることができないからである。言葉はキーボードの上をただすべっていくからである。もう幽霊を見ないからである。幽霊が演劇をしていたのに、観客がもう幽霊など見向きもしないからである。

無数の無音の声が、世界を導いているからである。この世界は、幽霊も、実在する人間も、信じないからである。飢えていないからである。時間が止まらないからである。

「彼女は時間を時間自体に返そうと、自分に言い聞かせる。時間それ自体に。時間以前の時間に」「地球はひとつの暗青色の石」。

とてつもなく硬い石、歴史の石、そのうえをすべっていく言葉。決してそのうえに刻まれない言葉。生と死のあいだのぶ厚い壁は、ますます厚い。私たちはいともたやすく死んでいけるのに。

Deleuze　ドゥルーズ

ひとつの文章を書き出すことは、何度経験しても、あいかわらず難しくて、どう進んだらいいかわからないまま、いつのまにか書き始めているが、どうして始められたのか、やはりわからない。とにかく、その文章が弓矢になってむかう的のようなものを想像して、心身を少しはりつめなければ、思考も手も動かないが、的にむかって勢いよく進むことを諦めて、はりつめる勢いをゆるめないと、何も始まらないのだ。超えようと思うハードルをかなり下げて、なんとか始めるしかない。これを繰り返していると、ほんとうはもう少し高いところまでいこうとしたのにという口惜しい思いが重なって、ますます書き始めの困難がましてくる。

「高いところ」といっても、これは別に上昇し、進歩したいという要求とは、必ずしも関係がない。とにかく何かに触れ、何かに届きたいのだ。その影のようなものが見えている。しかし、そこに見えたものが言葉をせき止める。影のようなものは、遠くの彼方にあるわけではない。書き手が生きた時間の襞のなかに折りたたまれているものだ。その襞がなければ書けないはずだが、襞を開くのは必ずしも言葉ではない。言葉という〈もの〉など存在しないので、言葉にまつわる呼吸、振動、知覚や記憶や思考のもつれやうねりが、その襞を開くのだ。あるいはその襞とは、それらのもつれやうねり、それ自体かもしれない。言葉と、言葉がむかおうとする的が存在する場とは、そのような襞、うねり、もつれからなる場なのだ。それにうながされて、ひとは書き始めたり、それに阻止されて、何も書けなかったりする。だから意識によって言葉を導くことをやめて、無意識に委ねなければ始まらない。意識にむけて言葉をはりつめている状態を、緩めるしかない。ところが、いま毎日目にするのは、緩みきって自分を疑わない言葉ばかりと思えるのだ。それに抵抗する気持があるかぎり、書き始めることの難しさとは、ずっとつきあっていくしかない。

いや、書き始めることが難しいということは、ほんとうは書き手の集中力の問題でも、弛緩した文章たちに抵抗するという問題でもない。言葉には意味があり、秩序があり、構築がある。一方ではそこから逃れる微粒子、襞、うねり、もつれが、たえず発生して、言葉の中に生命を吹き込むと同時に、言葉の秩序にあらがうのだ。書き始めるとき、私は、その両義性にはさみこまれて、秩序を選ぶことも、乱流を選ぶこともできない。そして選ぶことをやめないと、始まらない。

ジル・ドゥルーズの講義、その声、まなざし、この人の本、言葉、思考に出会ってから、ある種の同衾状態を続けてきたようである。彼の死後もそれは続いている。この人に出会わなかったら、と考えることがある。この人に似た別の人に出会っただろうか。いや、誰にも会うことなく、ひとりでやっていかなくてはならなかったか。ライプニッツもいうとおり、神はこの人と出会う世界と、出会わない世界では、出会う世界のほうを選んだのである。それなら、この人と出会うことのない可能世界を考えてみたくなるが、可能世界は無数にある。ドゥルーズも、私も存在しない可能世界というものもある。また人間が存在しない可能世界もあり、現にこの宇宙の大部分は、そのような世界ではないか。そしてこの世界は、無数の出会いをもたらすけれど、そのつど無限数の可能性のなかで、ほんの少しの出会いが可能なだけである。

ところで、出会いとは誰かと私の出会いである以上に、私を構成する記憶、知覚、思考、習慣、感情などの無数の微粒子と、そこに介入してくる他者の放つ微粒子との出会いなのだ。いったい私は、ドゥルーズの何に出会ったのか。どんな微粒子を受けとったのか。書物のなかだけでなく、じかに講義を聴き、話す機会もあったので、その人の声、まなざし、身ぶりからも、さまざまな微粒子を受けとったのである。人格や性格よりも、それらを構成する微粒子のほうに、微粒子がたえまなく干渉しあう様態のほうに注意をむけること、これは誰よりもドゥルーズの哲学が提案したことである。ドゥルーズは、アンリ・ミショーの詩に、「霧と目眩、極端に小さいものの幻覚、高速の小さな知覚と小さな表面」を読みとり、トマス・ド・クインシーの描写に、「粉塵の雲」、「空気のカーテン」、「微風の巻き起こした渦」、「アーチや、教会の扉や、窓の形になった亀裂」、「霧の陰鬱なベール」などを次々たどって、「襞」のイメージを浮かび上がらせた。そういう哲学者自身の肖像に、もはや輪郭も表情もあるはずがない。

忘れがたいフランシス・ベーコン論（『感覚の論理学』）を書いたドゥルーズの顔と、ベーコンの描いた人物像とが重なる。それは顔というよりも、波うちながらねじれ、渦を巻く力の場所としての頭部である。獣に似ているが獣ではない。怪物に似ているが怪物ではない。そういう頭から、ひとつの哲学が出現した。この頭は強力な知的機械である以上に、知性を脱臼させる。その思考の源泉は知性であるよりも、はるかに感覚であり、感情なのだ。ただし感覚や感情そのものと一体ではなく、そこからやってくる力や動きを、抽象画にするようにして、彼は思考の源泉にしていた。

空中に巣をはり、その片すみで餌を待つ蜘蛛は、まるで目も鼻も口もないかのように、ただ巣にかかった獲物が伝える振動を待ちぶせ、それだけを感覚する。蜘蛛の体は、この巣の広がりと区別することができず、巣を伝播していく振動と分離することができない。蜘蛛と巣と餌になる動物は、まるで全体として、もうひとつの身体を形作っているようだけれど、この身体の形が問題ではなく、あくまでそこを通りぬけていく振動が、相互に連結したこの身体の内容そのものといえる。この身体には、もはや識別される器官も形態もない。むしろしなやかな、こわれやすい連結体と、そこを通りぬけていく微細な振動のほうが、その身体を構成している。ドゥルーズは、プルーストの作品を読みながら、「失われた時」の語り手を、この蜘蛛（の巣）のような存在として説明している。

あのフランシス・ベーコンの描いた人物たちを、とりわけ初期のグロテスクな表情で咆える男や法王の肖像を、生への絶望や恐怖として、ペシミズムとしてとらえるような見方は、いつもありうる。ところが当の本人が、脳のレベルではペシミストであるが、神経のレベルではオプティミストである、と自身の芸術について語っている。初期のベーコンが、暗く重たい恐怖をにじませた残酷な図像に執着したことは確かなのだ。そして彼は、脳のレベルの図像に、神経のレベルの振動を注ぎ込むようにして、怪物的な絵を描き続けた。ぶら下がった牛の肉を背景にしてこうもり傘をさし、冷笑しているかのような黒衣の怪物的人物の図像は、すさまじい暴力で見るものを悪寒させる。しかしベーコンの絵は、やがて、彼のいう神経のオプティミズムを画面全体に解き放ち、明るい色彩でみたし、人物の肖像よりも、むしろ部屋のなかで激しく変形する身体を描くようになった。あたかも自分の形態をのがれ液状になって流出するような身体、断片となり奇妙なダンスを踊る身体、ある未知の力を受けとって刻々色彩を変え、形を変える身体、そのようなものが描かれるようになった。決してただ明るく軽やかになったのではなく、むしろ神経レベルでの生の振動に対して、より敏感に応答するような画面が構成されるようになったのだ。

ベーコンは独自の画風を確立してからは、三枚組みの絵を数多く制作している。三枚の絵の差異、変化、変形、リズムがまさに中心のモチーフであり、それは一枚の絵から読み取られる意味や表情や物語とは、まったくちがう限定不可能な次元にある。そしてこの次元の印象は、もちろん一枚の絵のなかに還流して、別の見方をうながすことになる。あたかも彼の絵の核心が、三枚の絵の間隙に潜んでしまったようだが、もちろんそれはいつか暴かれる意味のようなものではなく、隠されたわけでもなく、三枚の絵として現前しているものでしかない。

そして、これらのことはそのまま、ベーコンについて書いたドゥルーズの思考に対しても、あてはまる。この哲学者における深いペシミズムとオプティミズムが、両方とも確かにあったにちがいない。「このつつましい、無一物で、病にも蝕まれていた生が、この華奢でひ弱な体が、この輝く黒い眼をした卵形の浅黒い顔が、どうしてこれほど大いなる生気にみち、生そのものの力を体現している印象を与えるのだろう」。これがドゥルーズによるスピノザの肖像だった。確かにスピノザの顔について語っている。しかし実は顔について、何も語っていない。「大いなる生気」を体現しているために、もはや顔さえもたない哲学者の身体と思考について語っている。

ドゥルーズが用いる「機械」という言葉の奇妙に不穏なニュアンスに触発されてきた。それも歯車やモーターや、ボタンやレバーを組み合わせた、動かないときには端的に死んでいる機械のことではない。それは生きている柔らかい機械で、たえず何かがそこを流れている。流れはたえず変動して経路を変えている。いつもそこに見えない流れや知覚しえない流れが新たに挿入される。そのたびにまた別の機械と連結し、その連結をほどいてはまた再編している。文学機械、欲望機械、独身機械、戦争機械……などについて、ドゥルーズは（ガタリと連結しながら）語った。美しい伝統や国語などについて語ろうとする思想にとっては、まったく無粋な荒涼とした言葉に見える。スピノザの、あの幾何学的証明による硬質な「倫理学」が、およそこの世の道徳的発想を逆なでするものであるように。ところがスピノザにとっても問題は、決して幾何学が連想させる無味乾燥な展開ではなかった。無数の流れ、微粒子、それらの見えない連結、衝突、共振などを、機械と幾何学の哲学は見ようとした。この世界の多くの哲学や道徳や美学よりも、この機械主義と幾何学主義には、もっと敏感な神経が内包されていた。誰よりもスピノザ的だったかもしれない詩人アルトーは、「神経の秤」という一連の詩作品を書いたことがある。

書くこと、描くこと、神経の波動を測ること、測り知れないものを測ること。

Éducation　教育

この一連の文章のアルファベット順の主題は、『真夜中』という、ある雑誌の編集部の提案を受けたものである。原則として提案をそのまま受け容れることにしている。どういう意図による提案なのか説明は受けず、それについてあらかじめ議論することもしない。これまで私が考え続けてきたことによく重なる提案もあれば、むしろ意想外の、とまどう提案もある。気乗りのしない困った提案なら、なぜ困るのか、書いてみることもできる。提案者は、わざと困らせようとしたわけではないのだろう。それについても聞かないことにしている。「ブレイン・ストーミング」という言葉は、もはや古めかしい言葉だけれど、意想外な提案によって、大脳の固まっていた部分が揺さぶられ、動き始めることもあるだろう。

どちらかというと、考えたくない事項は避けて、親密な思考の場から離れないようにしてきた。ただ親密さにこだわったのではなく、むしろ一貫することを必要とした。一貫といっても、体系性や厳密性のことではない。まさに思考の神経的次元に、そのレベルの波動にかかわることである。神経の次元から離れて、一般的に、概念的に思考することに意味が見出せないのである。

しかし、ここではあえて「教育」について考えてみよう。それも「真夜中」の教育である。暗闇の中での教育、暗闇を教育すること、暗闇から学ぶこと？　「教育」で生計を立ててきた身だけれど、「教育」が身についたことはない。「物心」がついてから、教えられることに関してはいつも妙に疑い深く、不遜だった。それは教師になった自分にも跳ね返ってきて、すんなり教えうることなどひとつもない。文学、哲学……への関心は死ぬまで消えないだろうけれど、それを教えられ教えること自体は、私の関心の外の制度的実践に属する。私はこの制度的実践に関して、いつも疑いを抱いてきた。この制度と実践自体にそって、それらについて考え、それらに働きかけることについては、まったく消極的だった。

文学や哲学について、学びうること、教えうることなどひとつもない、というやや誇張した思いには、もう少し説明がいるし、当然保留事項も出てくる。二十代後半になって経験したフランスの大学をのぞけば、私が体験した教育とは、日本の学校でのことであり、教えられることなどないという思いは、この国の教育からやってきている。学校で、いくらか知識を注入され、学んだこともあるが、かんじんなことを教わっていない。そこで、この思いは、文学や哲学について、かんじんなことを、そもそも教えたり、教わったりすることはできるのか、学校がそういう場所でありうるのか、日本の学校はそういう場所でありえたのか、という問いに変えられる。

十代の後半になって、文学がとても大事なものになっていったが、中学校までの国語の授業は好きになれなかった。それは国語よりも、むしろ道徳の授業のようで、教科書に載った文章の主張や情緒をおしつけられる感じがしていた。それに比べれば、日本語の動詞活用の純粋に文法的な説明のほうに、まだ興味がもてた。総じて私の少年期は、文科系の授業の道徳臭に嫌悪を覚え、むしろ理科系のほうに、そこからの解放感を見出したようである。そして高校に通う年代になってからは、本質的には授業をさぼり、ひとりで書物にむかうことしか学ぶ道がないと思うまでに教育を否定するようになった。その頃の私の教師は、ただ書物のなかに存在するにすぎない同時代の何人かの批評家であり、すでに物故した詩人や作家たちでしかなかった（もちろん世間でいう恩師というべき先生たちは存在した）。

こんなことは実は例外的なことではない。文学、芸術、思想が、教えられるものではなく、実際にほとんど独学者のようにして成長する書き手、作り手は、たくさんいる。そのほうが多数であるといってもいいくらいだろう。教師に恵まれる、恵まれないの問題ではない。よい教育者に出会わないにもかかわらず……ではなく、出会わないことが必然であり、出会わないことが必要な場合さえもある。

二十代後半にパリでドゥルーズの講義を聞き始めたとき、それまで書物の中にしか存在するはずのなかった〈教師〉が、はじめて私の眼の前にいた。そのときやっと哲学の教育なるものに接したという思いもあった。いやむしろ教師でも教育でもなく、ただ思考と感覚を揺さぶる言葉をフランス語でつぶやき続ける人物が目の前にいた。その講義に傾倒しすぎて、日本語で考え書いてきた自分がすっかりこの出会いに吸収されてしまわないように、と警戒することも続いた。実はそれがはじめて接する哲学教育であった、というのも少しちがっている。哲学教育がつねに伝統として存在し、大きな存在感を持ってきた国にあってさえ、ドゥルーズの講義はかなり例外的なものだったからである。スピノザやカントのよく練りあげられた概説的読解も含まれていたとはいえ、その頃のドゥルーズの講義は、やがて『千のプラトー』という書物に定着される問題群に関するもので、私にはまったく未知の世界がそこにあった。にもかかわらず、私の中の何かが、それに激しく感応しはじめた。

したがって、これはもはや教育のレベルの問題ではなく、何に出会い、出会いによって自分のなかの何が動き出すか、ということなのである。

いちど企業に勤めたこともあって、少し遅れて入学した日本の大学では、そういう出会いがなかった。すぐれた学者たちがいたにもかかわらず、私の問題と彼らの問題は出会いそこねるしかなかった。出会いはたくさんあるほうがいいし、もっと大学をそういう活性的な場所にするため工夫のしようもあるだろう。

文学など、ひとりでするしかない、という強い思い込みのまま進んできたことで、何か基本的なことが身についていないのではないか、と思うことがある。文学も哲学も、実は高度な対話性によって構築されるものである。悩みの相談やマーケティングのための対話は、学校でも企業でも奨励されているが、そういう対話のことではない。雑誌をにぎわしている無数の対談も、すなわち対話というわけではない。

授業で活発に議論すれば、それが対話になるわけでもない。ドゥルーズは講義のなかで、それほど質疑応答に時間を割かなかった。彼の講義そのものが、対話の哲学を展開していたので、むしろ対話は潜在的なレベルにあった。教育は、そういう対話をしばしば阻害する。教育こそ、そういう対話の機会であるにもかかわらず。教育について一般的に語ることはできない。対話は一般的ではないからである。一般性は、しばしば破廉恥で、強圧的である。

「教育」について語りたくはなかった。「教育」で生計をたてているが、授業の内容は、「教育」にともなう一般性や制度やコミュニケーションの概念を深く疑うものだからである。疑うばかりでは何も教えたことにならないが、疑わないことを教えたくはない。かつてプラトンの対話篇は、ある種の哲学教育そのものであり、対話を通じて、自分の無知を発見し、真理を浮かび上がらせる実践でもあった。この真理は対話を通じて形成され、対話の中にしかありえないものだった。そういう教育は、いまでも成立しうるだろうか。時空を飛べば、ジャン＝リュック・ゴダールは、映像によって、しばしば反教育の教育のようなことをしてきたのだ。革命教育の現場にはたらく力関係をみつめ、現実を伝える映像の形式を考察しながら、それが映像の現実にすぎないことを、教育的にさらけだした。学校の教師が決してしない質問を子供にあびせかけて、それに答えたり答えられなかったりする子供の表情と身体をつぶさに撮影した。映像が成立する過程そのものをたえず分析するようにして映像を作る続けたゴダールは、映像によってまったく新しい「教育」を実現したということさえできる。映像も現実も、すでに思考されたものにすぎない。だから思考されないし、思考させないのだ。難しいことだが、いつでも思考の〈外〉の映像と現実を探す必要がある。「教育」は、深く疑うことと、〈外〉を信頼すること、両方をめざすしかない。

いくつかの観念、断片的な言葉、イメージ、身ぶりなどをもちより、とりあえず集まる。あらかじめ到達すべき目標も、習得すべき知識もない。よくできた論文や作品が、しばしば整理して排除してしまうものに、注意を働かせる。意見の一致にむかうのではなく、ためらって折れ曲がる勢いや振動を、ただたばねては、ほぐしていく。個人と個人がせめぎあうのではなく、まして自己批判などするのではなく、世界と個人を形成する微粒子が出会う場が少しでも開けるといい。個人史のおしつけあいは、うんざりする。本当に面白く、劇的なことは、そういう見えない微粒子の流れが、見えるようになり、感じられるときに起きる。沈黙も議論も許される。目に見える成果は乏しくてもいい。空間と時間が変容する。同時に、おそらく関係が変容する。世界が変わるということは、実はそういうことの持続でしかない。

Femme　女

女がよく書けている、とか、女が書けていないとか、ひと時代昔には、小説への評言として、よく言われたものだ。まだ作家たちの多くが男性であった時代のことで、そういう評価も彼らが下した。それにしても確かに女性について書くことは、不思議にむずかしかった。女性に属する何かが男性の観察を逃れるのだった。しかし女とは何か、一般的に女性について書くことなど、そもそもできないだろう。いままで私が出会った女性について、母親から始めて語ることも、ついにできそうにない。それなら、女性が書く作品の中で、女性はどういう存在だろうか。これも一般化することはできない。いまとりあげようとする女性の作品には、一見してほとんど女性の特徴が見当たらないが、だからこそ深く女性的なものにかかわっているにちがいない。

「わたしは、自分にとって以前は本質的であったが今はもうそうでない何かをなくした。それはもはや必要ではなく、第三の脚はなくなってしまったのだ。ちょうどその時まで、そのせいで歩行不能だったが、安定のよい三脚をもっていた。そしていままで一度もなったことのないひとりの人間になった。これまで持ったことのないもの、たった二本の脚をやっと手にいれたのだ」。クラリス・リスペクトール『G・Hの受難』の奇妙な「受難」は、こんなふうに始まる。リスペクトールは、一九二五年から一九七七年まで生きたブラジルの女性作家である。『G・Hの受難』は、この二十年間くらいに読んだうち、もっとも震撼させられた小説のひとつである。

「女性は存在しない」と書くことのできた精神分析学者ラカンは、無意識的構造のすべてをファロスとの関数として論じたのである。女性はファロスに対して虚数のようなものとみなされる。女性に対してまったく不躾な分析といえるが、「存在しない」ことはまた、一般性も普遍性も拒んで、まったく特異な存在であることを意味しうる。リスペクトールのこの作品は、ほとんど存在の根源にかかわる受難の記録であるが、それは女性的存在とは何かを探求する稀な実験でもある。もし単に「存在すること」が男性に属するとすれば、存在論を語ることは、むしろ存在しないとされる女性の役割であるかもしれない。

やめていった女中の空っぽの部屋に踏みこんだ語り手（G.H.）の前に、ひとつの混沌が出現する。むき出しの壁に描かれた男女と犬の、まったく稚拙な輪郭だけの絵。それが混沌への扉になる。いったいこれは過剰なのか、欠乏なのか。やがて人間の仕組みが、まったく奇怪な仕組みとして感じられるようになる。

いつものように毎日の生活を決定している均衡とかたちを、なんとか、とりもどそうとする。その誘惑にひきもどされる。しかし、それはもう、ただなつかしい誘惑にすぎない。空っぽの部屋に、際限のない肉のようなものが広がっている。その無限の肉の広がりのなかで、生きようとしているのか、死のうとしているのか、もう彼女にはわからない。生を与えてくれる死というものがあるにちがいない。

誰かに手足を委ねるよろこびというものがある。眠っているときには〈わたし〉の輪郭が欠如している。そのこともよろこびではなかったか。いま直面している存在の自然な明白さは恐ろしい。すべてが生き生きしている世界は恐ろしい。地獄みたいなもの。

語り手の女は、理由もなく、気が狂ってしまったのだろうか。何も特別なことはおきていない。ただ空っぽの女中部屋に入って整理しようとしたにすぎない。G・Hには悩みがあったわけでも、痙攣や嘔吐に襲われたわけでも、白昼夢を見ているわけでもない。住む人のいない空っぽの部屋に入り、壁に描かれたひとがたに出会い、少しばかり混乱した。その時間の裂け目から、奇怪な混沌が、部屋いっぱいに広がった。いつも自分は注意深く、沸騰する前の状態で生きてきたのではないか。存在しないための否定や拒否の方法が、すっかり身についていたのではないか。

女の一生の大部分は、整理することですぎていく。それこそ女の仕事なら、女は、整理できないものとの奇妙な親しみのうちで生きている。整理することのできない無意味と親和しながら生きている。去っていった女中が壁に描いたゾンビまたはミイラの絵から、その無意味が、突然爆発したようだった。あの女のまったく色彩を欠いた怒り、表情のない憎しみが荒れ狂っているようだった。あの女がいた部屋の静寂、明るみ、それがいま古代の大きな洞窟にかわり、古い地層の重みに崩壊してしまいそうだ。

G・Hはその洞窟で、一匹のゴキブリに出会う。それは小さな恐竜のようなもの、いや恐竜よりも古い生物である。その顔には輪郭がない。化石になった魚と同じくらい古いゴキブリ。このとき女主人は、主人としての力を発揮しなければならない。怪獣たちにうちかって歴史の主人となってきた人間の力が、とつぜん爆発する。

いまゴキブリはドアにつぶされて、死にかけている混血女のようだ。瀕死のゴキブリの二つの目のなかには、さらに二匹のゴキブリがいるようだ。つぶれたゴキブリとの対面は、かつて恋人とむかいあった時間を思い起こさせる。「黒い宝石を身につけたわたしの婚約者」、聖書が不浄と見なし断罪した生き物がそこにいる。彼女は体外を流れる自分の血を感じる。自分の外を流れる自分を感じる。

砂漠がひろがり「わたし」に呼びかける。もはや何かに還元することが不可能なものに触れている。瀕死のゴキブリは、「極東の象形文字」のように誘惑する。死につつあるゴキブリとともに、「わたし」はもう一つの生に踏み出す。

「自然の粗野なむきだしの生、その栄光のなかに入り始める」。奇妙な栄光である。

私は、洞窟の壁の、無言の絵の中におさまる。去っていったあの女は、こんなふうに新しい死と生を、わたしに準備してくれた。彼女がそのことに気づいていたかどうかわからない。

「わたしの生は死と同じくらい連続的だった。生はまったく連続的なのに、それが段階に分けられ、そのうちのひとつが死と呼ばれているのだ。わたしはいつも生の中にあったのだ。そのわたしが、もう厳密にいう〈わたし〉ではないこと、しきたりによって〈わたし〉と呼ばれた〈わたし〉など、もうないことはどうでもいい。いつもわたしは生のなかにあったのだ」。「わたしは自分自身の恐ろしい断片、ひとつひとつの断片なのだ」。

こうして発見された混沌、砂漠、地獄、洞窟、むき出しの生、そして死、中性的なもの、恐ろしい断片……を前にしてリスペクトールは「非人間的なものこそ最良の部分なのだ」と書く。そこに「赦し」を発見し、神と対面する。混沌も、砂漠も、新たに神を発見する道だったのか。それは、私という非キリスト教徒にとって問題ではない。この砂漠が、どういう名前でよばれるかは、どうでもよい。たくさんの人々が、異なる機会に、この砂漠と混沌に出会うからである。そこで神を発見した人も多いのだろう。

やがて「いまこそわたしは、ようやくいまと一致する」という発見がある。この発見は、時間の発見でもあった。なつかしがったり、待望したり、いまに執着したりする思考の欺瞞を引き裂くことでもあった。

それならかつて男を愛したことは、どういうことだったのか。

「愛というあの忍耐強い仕事。ちょうどあなたがわたしを作り上げたように、女が男をひとり織りあげる。なんともいえない職人芸……」整理の仕事、愛の仕事、小さな混沌を前にした仕事、女の仕事、男の混沌、男の仕事、女の混沌。

「ゴキブリはわたしよりも偉大だ」とG・Hは書く。「ゴキブリの生はまるごと神に捧げられる」、「ゴキブリはわたしよりも生きていた」。

結局、女は、つぶれたゴキブリを食べてしまったのである。いまこそ自分を失って落下する。最低の行為を実現しなければならなかった。〈わたし〉の言葉の挫折を通じてしか与えられないもの、わたしやかたちや意識の挫折を通じてしか実現されないものがある。最後に、思考から離れて、存在そのものにいたるのは、最低の行為をする身体そのものである、とリスペクトールはいいたいのか。この作品がまだ何かをいいたがっているかどうか、もはやわからなくなる。

異様なほどむき出しで愚直な問いばかりが、空っぽの部屋に広がった砂漠をさまよっていくこの物語は、サルトルの小説（『嘔吐』）のように、むき出しの〈存在〉の発見をしるしたものなのに、その顛末はまったくちがっている。それはゴキブリと神と対面しながら、まだ赦しや救済について語っている。存在のことは、三人称ではなく、二人称で語られている。三人称（存在）の次元は、たえず二人称の次元にひきもどされる。外部と内部は、たえず交替し、入れかわる。いつでも対話と対面がある。これは女性が書いた、女性にしか書けなかった、たぐいまれな存在の物語である。ここでは存在が男性のものであるとすれば、対話こそ女性のものである。女性は存在するのではなく、対話する。ゴキブリと、神と。

Gaucher　左利き

「左利き」という言葉を聞いてすぐ浮かんでくるのは、ずいぶん前に見た『左利きの女』（一九七七年）という題の映画である。現代ドイツの作家であり、戯曲も書いているペーター・ハントケが監督したものだった。ハントケは、その前にヴィム・ヴェンダースの初期の映画のシナリオを書いている。『ゴールキーパーの不安』の硬い印象と、不穏な映像のリズムは記憶に刻まれている。『左利きの女』はヴェンダース製作となっているから、ふたりの間には、ある種の共同作業が続いていたのだろう。『左利きの女』も、初期のヴェンダース作品と共通する点が多かった。『さすらい』、『まわり道』、『都会のアリス』で忘れられない印象を残した男優リュディガー・フォーグラーが、脇役だけれど「失業中の俳優」という役柄で出演している。三十年前に、パリの映画館で一度見たきりだが、幸い日本でもＤＶＤが手に入り、見直すことができる。

ヴェンダースの初期の映画とちがっていたのは、はじめて女性が主人公となっていたことである。ヴェンダースの映画は、たとえば『アメリカの友人』というタイトルが示すように、男同士の奇妙な友情を描いたものであり、そうでなければ男女のまったく希薄な関係を描いて、両性の濃厚な関係や苦悩を主題にすることを注意深く避けている印象があった。『左利きの女』も、きわめて静かな映像で構成されていて、主人公の女性マリアンネはしばしば静物のように存在する。小津安二郎のクローズアップしたポートレートが部屋にかけてあり、映画の中にも『東京の合唱』の一シーンが挿入されている。この映画は明らかに小津を強く意識して、最小限の清浄なカメラワークとショットで構成されている。夫婦の破綻という出来事が中心だが、その展開にあまり物語らしい起伏はなく、とりたてて結論もない。

場面はおおむねパリの郊外の町だが、登場するのはドイツ語を話す夫婦である。はじめマリアンネはほとんど唖のように喋らない。ブルーノ・ガンツの演じる夫が長い出張から帰るなり、夫婦は一人息子を家に残したまま外食し、ホテルで仲むつまじく一夜をすごすけれど、あくる日の朝マリアンネは、唐突に別れを告げるのである。「あなたは私を置き去りにする」、「私は啓示を受けた」、「だから家を出て行って」。イプセンのノラから続いている女性の「蜂起」のようなものだろうか。いずれにしても、別れる理由の説明はこれ以外にない。夫はとにかく出て行くけれど、妻の不可解な決断をなかなか受け入れようとはしない。

三十年前に見たこの映画からは、郊外の駅を走る電車の何でもない初めの風景、家のなかで凝固している女のイメージだけしか記憶に残っていない。ハントケは同名の小説も書いていて、そのフランス語訳も読んだことがあるはずだ。物語と必ずしも直結しないショットへのこだわりのせいで、映画の進行もぎこちないようだった。記憶に残っているのは、むしろそのぎこちなさの印象だ。

いまあらためてマリアンネの動作を注意して見ると、彼女はノコギリも右手で使っているので、どうやら左利きではない。ただし左利きの〈左〉は、ドイツ語でもフランス語でも、不器用という意味があって、生き方が不器用というニュアンスにもなる。もちろんそれは政治的左翼をも意味するが、この映画はほとんど政治的な文脈を欠いている。唯一歴史的政治的な背景を感じさせるのは、マリアンネの父親がやってきて、ドイツの暗い歴史にかかわる「人生の不幸」について触れるときである。

そういうわけで、『左利きの女』は、とにかく映像の構成においても、人物の動きにおいても、ぎこちなく、滑らかな連続が断たれている印象が残っている。その印象はいま見直しても変わらない。細部は、といっても、この映画にはほとんど細部しかない。それらの細部が連続するなかで、連続が滞るような場面が記憶に残り、滞る時間の形のようなものが印象に刻まれている。同じ頃のヴィム・ヴェンダースの映画にも、そういう場面と時間はあった。しかし男性の主人公は、まだ十分行動的で、さまよい、動き、争うことさえできた。ハントケのこの映画でも夫のブルーノは、そういう男性を演じている。マリアンネのほうは、自分から別れを申し出たけれど、あくまで静止し、みつめ、凝固し、受動的であり続ける。ただし自活しようとして、自宅で翻訳の仕事を始める。フロベールの小説をドイツ語に訳すことにしたのである。

息子とその友達が、庭で二人の母親を前にギャグを演じる場面がある。これも小津映画のユーモラスな子供たちを念頭においたものにちがいない。けれども人物を造形するにあたって、父や娘をいつも注意深く類型の中におさめようとした小津に比べると、どうしてもハントケは（そしてヴェンダースも）ちがうアプローチをすることになる。マリアンネが、まじまじと鏡をのぞく場面がある。まるで、それまで自分を見つめたことがなかった女のように。このときまさに時間が凝固する。新しい恋人に出会ったわけでもなく、孤独はましていくだけなのに、マリアンネは一瞬女王のように誇らしく鏡にむかっている。ここにはほとんど小津とは対照的な映画哲学があって、主人公の視線はまっすぐに自己という怪物を見つめている。ただし、ベルイマンの女たちのように心理的な深淵をのぞきこむわけではない。この怪物は、ただ充実であり空虚である自己を見つめているだけだ。見つめることによって、孤独になり、異様なものになっているだけである。あのセザンヌは、自分の妻さえもりんごのように、静物のように描いたといわれるが、このときマリアンネは、りんごのように自分を見つめているだけである。一個のりんごにも自意識があるかのように。

映画は、せいぜい数時間のうちに数奇な人生や、破局的な大事件や、時代絵巻などを繰り広げて、観客を翻弄することのできる異様なスペクタクルである。創成期の映画は、工場から出てくる労働者や、走る機関車や、子供じみた曲芸のイメージを与えるだけで、スペクタクルとしてあまり未来があるとも思われていなかったといわれる。しかし映画は、いつのまにか異様に強度な迫力をもつ見世物として完成されてしまった。たった数時間持続する映像の効果は、確かに幻想的なものだけれど、その効果は限りなく肥大していった。ところがイタリアの戦後のデ・シーカやロッセリーニは、映画の中で流れる幻想的な時間にまったく逆行する時間を映画のなかに導いた。終戦－敗戦という事態によって、そういう幻想的な時間が粉々になったことの結果であったかもしれない。たとえば台所で、妊娠した自分の腹を見つめる女中のまわりに流れる時間のようなものが、映画の時間となる。もちろんその後もやはり、映画というスペクタクルの幻想的な効果は、果てしなく強化されていったのだ。

映画がそういう効果とは無縁のまったく別の種類の表現でありうること、観客を翻弄する幻想的時間とは別の時間とともにありうることを、イタリアの監督たち、そして小津安二郎のような監督は早くから気づいていた。幻想的時間ではなく日常的時間といってもいいけれど、セザンヌのりんごが必ずしも、日常のりんごではないように、小津の時間もただ日常の時間ではない。それは確かに日常から、特別な仕方で抽象された時間であり、ある反復、リズム、様式、形式を経て構成された時間でもある。少なくとも、小津はその点で、かなり徹底した様式を創造した人であった。小津に刺激されたとはいえ、ヴェンダースにせよ、ハントケにせよ、そういう様式を創造するところまでいたっていない。小津の様式に感銘を受けても、決して彼らはそれを様式として受けとったわけではないだろう。むしろ映画が作り出した圧倒的な幻想的時間にまったく逆行する時間のかたちそのものが、刺激的であったにちがいない。

しかし『左利きの女』にもどろう。不器用で孤独な女は、固い顔、悲しい顔、柔らかい顔、疑う顔、優しい顔のあいだを行ったり来たりする。だんだん観客も、主人公マリアンネとともに、この変化に慣れていくようだ。彼女のわずかな表情の変化が、ほとんど映画の内容そのものになっている。そして、それを取りまくパリ近郊の駅、電車、町並みの無個性な風景も、単なる背景ではない。彼女に個性があるとしても、それは無個性な環境に浸透されている。フランスの郊外に住むドイツ人の集落という環境が、彼女の抽象性を強めている。何も特性のないように見える場所で、ただ滞る時間と、そのなかで確かに存在する身体を見つめ、感覚することだけが、特性を作り出す。「左利き」という言葉のニュアンスは、こうして特性のない場所において、特性のある時間を発見するこころみにつながる。

『左利きの女』は、前に触れたリスペクトールの『G・Hの受難』と無関係だろうか。マリアンネという女性は、徹底して外からみつめられるだけで、彼女の内面で、どんなことが感じられ、考えられているのか、決して明らかにされない。その内面での出来事は、リスペクトールの言葉で表現されたような荒々しい思考でありえたかもしれない。リスペクトールの部屋で進行したことも、あくまで特性のない場所で、これといった名前をつけられない奇妙な破局の連続にすぎなかった。いちおう夫婦の破局の物語であった『左利きの女』の時間も、やがてそういう物語の外で流れ始める。リスペクトールの言葉の渦は、ひとりの女のイメージを粉々にするか、あるいは無数の切り子面に分解するようだった。そういう過程を映像にすることは不可能だろう。ハントケの映画では逆に、女はあくまで映像として捉えられ、見つめられるしかない。観客は、何かを見つめる女、女が見つめる何かを、ただ見つめるしかない。女はわずかな言葉をつぶやき、自分が翻訳している文章を読み上げるだけである。まるでイメージの生と、言葉の生は、まったく相いれないかのようである。

しかし、どちらが真実なのか、いうことはできない。ただ言葉とイメージが馴れあって共存し相互に浸透しているような事態を、二つの作品はともに厳しく排除している。映画でも、演劇でも、私たちはイメージ（舞台）を見つめ、同時に言葉から意味を受けとるということを、いとも簡単にやってのけているが、その簡単さには罠がある。そのようにして、意味や特性や物語で頭の中をいっぱいにしている。その結果、見ることにおいても、聞くことにおいても、ほとんど中途半端な姿勢がすっかり身についている。ただ見ることしかできず、聞くことしかできないような破局的事態が、いたるところに待ちかまえているかもしれないのに。

どんな映画だったか思い出せないのに、その映画を見たことだけは、はっきり覚えている。そういう映画を見たことで、それと意識しないまま、その後に遭遇する小さな破局や大きな破局にそなえていたのだろう。

Hiver　冬

「なつかしい」という言葉を、おいそれとは口にできないと思ってきた。それは子供時代そして故郷と、すんなり和解できないということでもある。むしろ真実のことは、ずっと遠くにあるはずだ。そういう思いは例外的なものではないらしく、「遠隔志向」といった言葉でそれを表現した批評家もいた。そしてつねに遠くへと意志しているうちに、やがて遠くのさらに遠くは、自分の生まれ育った場所だったと気づくこともある。遠くは近い、近いは遠い。

それでも「なつかしい」という言葉に警戒がゆるめられないのはなぜだろうか。それが幸福だった過去にもどりたいという感情をあらわしているのなら、誰も過去にもどることはできないので、そのことを知ったうえでのなつかしさであり、もどることができないのは前提である。実はもどりたくもないのである。ここに含まれる自己欺瞞は、多くの感情につきものの欺瞞でもある。しかし「なつかしい」ことをいくら拒んでも、記憶の深層には、幼年の感覚やイメージがひそんでいて、誰でもそれを自己の原型のようなものとして反復してきたのである。そういう反復は、年若くして活動的に生きているときには、意識に上ることが少ない。帰巣本能のようなものとは別に、「なつかしい」という思いは、ただこの反復される時間の意識に結びついている。それなら「なつかしい」感覚のなかに折りたたまれた未知の世界を発見することも可能である。一方では単に既知の世界に帰還して、「祖国」や「故郷」を讃えるようなことも可能である。実は、未知のものは既知のものである。そして既知のものは未知のものである。このことが厄介で、既知にも未知にも、私たちは欺かれる。

「なつかしい」のは、夏よりも冬である。夏はとにかく一日中外で遊んで帰り、夜は蚊帳を吊った部屋が劇場のようなもので、そこでもまだ暴れては、たちまち眠りほうけていた。夏の子供は、ひとり野蛮に生きていた。冬は、家や建物や人々のありがたみに甘える季節である。溶けてしまいそうなほど真っ赤になっていた教室の石炭ストーヴや、冷えた家の中のこたつや火鉢のようなものさえ救い主で、泣きそうなほど凍えて痛い手足を温めた。寒さと暖かさとの往復がすでにドラマで、それが「なつかしい」のだろう。

そういう思いの延長だったのか。十代後半に熱心に小説を読むようになって、自分でも模作を書くようになった頃、なんども読み返した作品のひとつに梶井基次郎の「冬の蠅」がある。しかしもう長いこと読んだことがなく、手元に一冊もこの作家の本がない。とりあえずネットの「青空文庫」のお世話になることにして検索してみると、やはり収録されている。

「冬の蠅とは何か?」。大胆な、論文めいた書き出しである。「よぼよぼと歩いている蠅。指を近づけても逃げない蠅。そして飛べないのかと思っているとやはり飛ぶ蠅。彼らはいったいどこで夏頃の不逞さや憎々しいほどのすばしこさを失って来るのだろう。色は不鮮明に黝んで、翅体は萎縮している。汚い臓物で張り切っていた腹は紙撚《こより》のように痩せ細っている。そんな彼らがわれわれの気もつかないような夜具の上などを、いじけ衰えた姿で匍っているのである」。結核の療養のため滞在している冬の宿で、語り手は季節外れの蠅を見たのである。話者はいきなりなんの説明もなく、この蠅をみずからの分身として、つぶさに描写し始めた。この思い切りは普通ではない。「冬の蠅とは何か?」という問いの答としても、ただ視覚的な印象だけを凝縮して答えていることが小気味よい。

この「いじけ衰えた」蠅の描写があるせいで、直後に明るい渓谷のなかを飛び回る虫たちの描写が、きわめて強烈な印象を生む。「窓を開けて仰ぐと、渓《たに》の空は虻や蜂の光点が忙しく飛び交っている。白く輝いた蜘蛛の糸が弓形に膨らんで幾条も幾条も流れてゆく。(その糸の上には、なんという小さな天女! 蜘蛛が乗っているのである。彼らはそうして自分らの身体を渓のこちら岸からあちら岸へ運ぶものらしい。)昆虫。昆虫。初冬といっても彼らの活動は空に織るようである。日光が樫の梢に染まりはじめる。するとその梢からは白い水蒸気のようなものが立ち騰る。霜が溶けるのだろうか。溶けた霜が蒸発するのだろうか。いや、それも昆虫である。微粒子のような羽虫がそんなふうに群がっている。そこへ日が当ったのである」。昆虫たちの祝祭は、「光点」、「微粒子」のような物理学的ニュアンスの言葉で華麗に描かれている。さして華麗であるはずもない冬の虫たちの乱舞が、「いじけ衰えた」蠅と、療養中の主人公の前では、ほとんどまぶしいように生き生きしている。

それと対照的に部屋の中の蠅は、天気のいい日には少しだけ活気づいて、日光浴を楽しんでいるように見えるが、その仕草はまったく貧相である。「私の脛へひやりととまったり、両脚を挙げて腋の下を掻くような模ねをしたり手を摩りあわせたり、かと思うと弱よわしく飛び立っては絡み合ったりするのである」。ほとんど一頁にすぎないスペースに描かれたこれほど微細な光景の強度のコントラストに、初めから打たれていた覚えがある。谷間で、泡のように弾けては渦を巻く無数の命と光の乱舞のようなものが見えていた。若くしてもう死と対面していた人のなかで、切迫した生と時間が、それでもその切迫をしなやかに緩めるようにして表現されている。これは確かに何度も読むに耐える表現だった。なぜかは意識せずに、その切迫した時間に差し込んだ明るい思考を、痛々しく強烈に感じていたようなのだ。

冬の蠅に託した「生きんとする意志」、そして「倦怠《アンニュイ》」を、これほど適確に彫塑したあとで、梶井はこんなふうに書く。

「蠅と日光浴をしている男」いま諸君の目にはそうした表象が浮かんでいるにちがいない。日光浴を書いたついでに私はもう一つの表象「日光浴をしながら太陽を憎んでいる男」を書いてゆこう。

ほんとうに驚くべきなのは、こういうくだりであったかもしれない。昆虫たちにみずからの生のドラマを託したあとで、つまり自分について語るよりも、ただ虫たちの動きを見つめたあとで、書き手は、まるで自分を舞台にさらすように、読み手の前で演じる劇として、このスケッチをさしだし、そして出し物を変えようとしている。生きているときの梶井の読者はほんのわずかしかいなかった。それは問題ではなかった。この劇場も観客も、ただ書き手がつくり出したものだ。孤独な劇場でも、ここにはひとつの対話がつくりだされている。意味のある伝達をほとんど抑制するようにして、自己について語るよりも虫について語ってきたが、そのことがまた別の伝達に向けて開かれる。ここから転じて語り手は、「結局は私を生かさないであろう太陽。しかもうっとりとした生の幻影で私を瞞そうとする太陽」について語りだし、太陽を憎む「私」について語りだす。しかし、そんなふうに語り始めることをすばやく抑制して、こんどは虫ではなく、あくまで光について語るのである。

「溪《たに》側にはまた樫や椎の常緑樹に交じって一本の落葉樹が裸の枝に朱色の実を垂れて立っていた。その色は昼間は白く粉を吹いたように疲れている。それが夕方になると眼が吸いつくばかりの鮮やかさに冴える。元来一つの物に一つの色彩が固有しているというわけのものではない。だから私はそれをも偽瞞と言うのではない。しかし直射光線には偏頗があり、一つの物象の色をその周囲の色との正しい階調から破ってしまうのである。そればかりではない。全反射がある。日蔭は日表との対照で闇のようになってしまう。なんという雑多な溷濁だろう。そしてすべてそうしたことが日の当った風景を作りあげているのである」。太陽の光は、確かに生命の源であるとしても、その光は「溷濁」をもたらすという思考の否定性はすさまじい。そのくせ梶井は、「やがて日が翳りはじめる。高い椎の樹へ隠れるのである。直射光線が気疎い回折光線にうつろいはじめる。彼らの影も私の脛の影も不思議な鮮やかさを帯びて来る」などと、こんどは肯定的に書いて、衰える光と戯れ、みずからの思考とも戯れている。

三十過ぎで死んだ青年の中では、旺盛な生命と、容赦ない死との、激しいせめぎあいがあったにちがいない。「冬の蠅」は、そのせめぎあいを、ただ光と昆虫をめぐる精密な観察と対話のなかに注入しえた作品である。十代に読んだときには、文学の言葉にひきずりこまれる契機になった作品のひとつだ。「なつかしい」気持で読み返したが、その印象ははるかに「なつかしさ」を通り超えて、いま生きている時間のなかにまっすぐ浸透してくる。

Islam　イスラーム

たとえば友人のひとりで、酔っ払うたびに、「どうしてもわからない、キリスト教のことは、いくら聖書を読んでもわからない、どうしたらわかるのか」と繰り返す人がいる。私の答はといえば、「わからないのはキリスト教だけじゃないよ。わからないことだらけじゃないか。なぜキリスト教だけ特別あつかいするんだ」というようなたわけたものである。

ましてイスラム教が問題になると（まさに現代史の切迫した問題ということになっている）、はたと思考はとまってしまう。いったいひとつの宗教を「理解する」とは、どのようなことなのか。そもそも祈ること、信じることなくして、その宗教を知的に理解することには、あまり意味がないのではないか。もちろんある宗教の、ある宗派にとっては、信心とともに、厳密にして知的な理解が不可欠であり、要求されもする。ただ信心だけで十分、南無阿弥陀仏とつぶやくだけでいいことになった新しい仏教に関しても、あの親鸞の瞠目すべき鋭利な思弁とともにあったのである。信ずるだけでわかることがある。一方で、よく考え、入り組んだ思弁のなかに踏み込んではじめてわかることがある。いったい私の友人は、何をわかろうとしたのか。

ときどき思いついては柳田國男の書物を読み返すことがあるが、宗教に関する彼の態度は、あきれるほどはっきりしている。そもそも書物の次元に、民衆の生活の真実はあらわれないという確固とした信念があるので、この人にとって聖書も仏典も、決して重みをもつことがありえない。神道としてまとめられた教義らしいものも疑わしい。信仰を画一化する大きな権力が介入したあとでは、日本列島にきわめてゆるやかな形で伝播していた祖先信仰のかたちも、だいぶ歪められている。柳田は、あくまでこの列島の社会が書物や権力によって画一化される以前の民衆の生活があり、それと一体の信仰や祭りがあったことを、異様なほどに確信していた。

ある意味で、宗教を「理解する」ことなど本質的に不可能なのだ。それを信じている人は、それを理解したりする必要がない。それを理解するには、まず信仰するしかないからである。

柳田が貫いた態度は、このことと関係していたのではないか。

日本語で書かれたイスラームに関する基本的文献のひとつにちがいない井筒俊彦の『イスラーム文化』(岩波文庫)をひもといてみよう。漠然と、砂漠の宗教と思われているが、イスラーム教はむしろ、それ以前の砂漠の遊牧民の信仰を批判して、都市の商人の思考をそれらにぶつけた、と著者は説明し、『コーラン』を引用している。「一人一人の魂が、それぞれ自分の(現世で)獲た稼ぎ高だけきっちり支払って戴き、不正を受けることなど全然ないあの日」「(この世で信仰に背いた人々は)せっかくの神の御導きを売りとばして、その代金で迷妄を買い入れた人々。だが彼らもこの商売では損をした。すっかり当てがはずれて儲けそこなった」。

これについての著者の注釈はこうである。「こうしてイスラームは最初から砂漠的人間、すなわち砂漠の遊牧民の世界観や、存在感覚の所産ではなくて、商売人の宗教——商業取引における契約の重要性をはっきり意識して、何よりも相互の信義、誠、絶対に嘘をつかない、約束したことは必ずこれを守って履行するということを、何にもまして重んじる商人の道義を反映した宗教だったのであります」。

この本の指摘でもうひとつとても印象深いことは、「歴史はつぎつぎに起る出来事のとぎれとぎれの連鎖である」というイスラームの歴史観である。「この世のすべてのものは神の意志のとおりにあり、すべてのことが神の意志のとおりに動く。しかも瞬間、瞬間ごとにでありま す。ということは、世界は無始なる過去に一回だけ創られてそれで創造は終るのではなく、どこまでも瞬間ごとに世界が新しく創造されていくということでありまして、神のこの瞬間的創造行為の連鎖が、世界、そして人間の歴史を形成するのであります。瞬間ごとにまったく新しく創造されるのですから、全体が切れ目のない一つの流れではありません。とぎれとぎれの独立した単位の連鎖であります」。

なんというアナーキズム！　という感想もわいてくるのだ。しかしこの世界で一瞬一瞬起きていることが、ばらばらだからこそ、全能の神がそこに介入しなければならぬ、という説明によって、私の感想はすぐに覆される。その倫理は、正しい交易をモデルとし、まったくちぐはぐな不連続の断片を強固に統一する神によってもたらされるものである。こうして仏教よりも、ユダヤ・キリスト教よりも、確かに新しい世界にとって有用な教義が達成されたかもしれない。

ところで、どんな宗教も広く長期にわたって伝播するなら、さまざまな改革の機運に遭遇することになる。否定神学、宗教改革、内面化、世俗化、あるいは無や空の思考に浸食され、高度に洗練されることにもなる。そのたびに異端審問のような試練が繰り返される。イスラームも例外ではなく、「外面主義」に対抗する「内面への道」を切り開くことになり、それがシーア派となった。「内面への道」はさらに深められ、スーフィズムを生み出した。スーフィーのほうは、厳しい修行を通じて、自我を超越しようとする点では、禅宗や密教とも共通性をもつように思える。

『コーラン』を読んでも、「神の意志が奈辺にあるか判然としない場合がある」。そこで預言者ムハンマドの言行を記録した「ハディース」は、第二の聖典、法典の位置を占める。「預言者が黙って答えない場合、あるいは目の前で何か起っても、彼がまったく反応を示さない場合、それも『ハディース』は注意ぶかく記録します」。そうなるとたくさんの解釈が現われて、収拾がつかぬことになりそうだが、解釈をギリシア由来の論理学によって補強し、また九世紀以来、個人の恣意的解釈を禁じて凍結することによって、イスラームの聖典は「無謬」ということになっている。私自身は、諸宗教における異端や異説の展開にはいつも興味をひかれてきた。「内面への道」へと展開していったイスラームの展開も例外ではないようだが、またイスラームは厳しく解釈の動揺を戒めてきた。

人類学者レヴィ＝ストロースは、『悲しき熱帯』で、イスラム教に対してあからさまな「不快感」を表明していて、私は衝撃を受けたことがある。その理由は、イスラム圏は、東洋における西洋であり、ほとんどフランスに似ているから、あるいはフランスがイスラム化しているから、というものである。レヴィ＝ストロースが批判しているのは、「書物に頼るあの研究態度、同じユートピア精神、問題を紙の上で一刀両断に解決して、すぐに放り出せば足りるとするあの信念」なのだ。この批判は、書物や教義を過大に尊重する体制をいつも忌み嫌った柳田の姿勢に通うものである。それだけでなく、レヴィ＝ストロースは、そもそも仏教、キリスト教、イスラム教へと進むにつれて、人間はそのたびに「後退した」とみなしている。彼によれば、人間は、そのたびに権力、攻撃性、女性の排除という傾向を強めていったからである。

しかしレヴィ＝ストロースが正しいかどうか、私にはわからない。結局は私の友人のように、イスラームはわからない、といってもいい。それを理解することは、それを信じることである。しかしそれを信じないとしても、それを信じている人間を信じることはできる。そして一方には、信仰を外から動かしているまぎれもない現実の力があり、歴史がある。そのような力の歴史に照らして人間を見つめないかぎり、私たちはただ逆立ちした世界のイメージを見ているにすぎない。しかし、これさえもマルクスやニーチェの「教え」にすぎなかったのだろうか。

Jongleur　曲芸師

ジャン・ジュネとともに数年をすごしたことがある。といってもジュネに会ったことはないので、彼の残した本、そして彼のイメージとともに、ということである。彼の本によく出てきたモンマルトルに一年間住んで、いたるところ細い階段でつながった坂道を散歩した。その界隈でたびたびすれ違った男娼たちのたたずまいも心に刻まれた。若いとき悪の道を歩んだジュネの荒々しい挑発的な面よりも、性としてはほとんど女性と感じられるやさしい特徴のほうに、だんだん注意がむかうようになった。死刑囚の賛歌である『薔薇の奇蹟』を読み進むうちに、死刑囚につながれた鎖のこすれるかすかな音が、耳の中で鳴り止まなくなった。長い孤独の果てで、あるときイスタンブールで、ジュネは、ベッドの中で、ついに自分の体が内側から光を発するのを見た。そういう不思議な光の感触とともに、パリの部屋にこもってジュネの本を読み続けた。私にとって大切な他の著者たちとは、もっと彼らの言葉と格闘するような時間をすごしたはずである。なぜかジュネとの出会いは、少し質がちがっていた。

晩年のジュネは、パレスチナ人の抵抗につきそって『恋する虜』という壮大な一冊を残した。まったく政治的な主題に捧げられた長いエセーであるが、それはまさに恋愛の記録でもあった。

戦争や暴力や抵抗について精細な歴史的な記述を残すよりも、ジュネのしたことは、はるかに自分が恋した民衆の表情や身ぶりを、つまり彼らの肖像をつぶさに描き、数々のイメージをしるすことであった。そういうジュネとの精神的同衾を続けていたとき、私もまた少し「恋する虜」のようであったかもしれない。

ジュネは、アルジェリア人の曲芸師を父に、ドイツ人を母にもつ十八歳のアブダラという青年に出会ったのである。ジュネはその頃四十六歳で、すでに主な小説を書き終えている。アブダラは幼少の頃からサーカスで曲芸をしていたが、ジュネは自分で費用を工面して、アブダラを本格的な綱渡り芸人として養成しようとする。アブダラが兵役を逃れられるように、いっしょにフランスの外に出て転々としながら綱渡りの訓練を続け、まるで一途な教育ママのように見守った。もちろん綱渡りは危険をともなう曲芸である。ジュネはアブダラを愛し、彼が危険を冒してますます難しい芸に挑戦するようにかきたて、「綱渡り芸人」という一文を彼に捧げる。アブダラはかなり高度な芸を身につけたらしいが、再三落下して怪我をし、ついには重傷を負って綱渡りをやめざるをえなくなった。ジュネは、今度はジャッキーという別の若者を見こんで、カー・レーサーとして養成し、これにもやはり夢中になる。絶望したアブダラは自殺してしまう。ジュネはひどく落ち込んで、執筆中の原稿を全部破ってしまう。周囲の人々はジュネも自殺しないかと憂慮したが、実際に数年後に遺書を書き、大量の睡眠薬を飲んで死のうとするのである。

「きみたちは神話的時代の生き残りなのだ。はるか遠くからやってきた。きみたちの祖先は、砕けたガラスや炎を呑みこみ、蛇や鳩を魔法にかけ、卵でお手玉し、馬たちに会議をさせた」(「綱渡り芸人」)。芸にも、目や耳を楽しませる美しい芸、手品のように驚かす芸、クラウンの笑わせる芸など、種類は尽きないが、確かに危険を犯してみせることで成り立つ芸というものがある。

アブダラにも、そしてジャッキーにも、ジュネは危険な「芸」だけを求めたのである。「きみの芸によって不幸になりなさい」。こうしてジュネの若い恋人は、死のオーラのなかで輝く。その輝きの背後には、転落の危険が待ちぶせている。結局恋人だけでなく、ジュネ自身も、死の縁をさまようことになった。明晰なジュネがそういう事態を予感しなかったとは考えられない。「綱渡り芸人」を書いたジュネ自身は、ほかでもない言葉の曲芸師である。泥棒としてはそれほど器用だったと思えないジュネは、誰にも教わらずに、きらびやかともいえる実に優雅な文体を編み出した。もちろん優雅さは、異様な繊細さと暴力とともにあった。アブダラの死に対して、彼はまず彼の書いた言葉を葬って応えようとした。作品が、彼の命そのものだったからだろうか。それとも、作品の言葉がまったく空しいものに感じられたからだろうか。答はわからない。

文学も(そしておそらく思想も)、言葉と戯れ、言葉によって戯れる芸であることをまぬかれない。ただ真剣に何かを主張する作品というものもあるとして、主張だけをむき出しにした作品は、わりと人をうんざりさせるものだ。聖書の文体にさえも、戯れや芸に似たものが含まれている。詩人も、作家も、哲学者も、ある程度まで言葉の曲芸師である。たとえ彼らが転落したり、失敗したりしても、綱渡りのようにそれが目に見えるわけではない。しかし芸は失敗する。そもそも言葉という誰もがもっていて、誰でも毎日使っているものが道具である。そんなもので芸をやっていくことが、そもそも無理な芸当だったのだ。まったく、いかがわしく、あてにならない芸だといえる。

カフカが書いた「断食芸人」という小品には、まったく身につまされる。「断食芸」とは、まさに作家自身の芸のことで、何も芸がないので、ただ誰もが毎日やっている〈食べる〉という行為をやめてみせるという、もっとも惨めな芸なのだ。そもそも不眠症がちで、手紙魔で、恋人が手紙に記す言葉を吸血鬼のように貪っては、何倍もそれを膨らませ、手紙を絶やすまいとするカフカの生き方そのものが、まるでその反動のように「断食芸人」のイメージを結晶させたのである。何もしないことが芸であり、何もしてはならない。あえてそれを見せる芸人の状況は、いかにもみじめで、みじめさに耐えることが、もう一つの芸である。かつて小説も、芸術も、もっと堂々として、英雄的であり、またはきらびやかなものであったかもしれない。カフカや、あるいはベケットは、いやドストエフスキーでさえ、そんなみじめな人物や物語に一体誰がひかれるだろうというようなものを書いている。ゴッホの描いた部屋や人物だって、ジャコメッティの彫像だって、同じようにみじめなものだ。それがいまでは時代を画する傑作ということになり、法外な値段で取引されている。

　文学や芸術のことを考え続け、それを学生にむかって話して生計をたてる、などということだって、「断食芸」のような芸だといえる。アクロバットや綱渡りほどのことをしているかどうか怪しい。読者や観客がいるとしても、あてにはならない。もともと何もしない芸には、成功も失敗もないからである。いわゆる「話芸」の才能をもつような教師も存在するが、これはまた別の意味でうさんくさい。「断食芸」ではなく、まさに「芸」として語ることになるからである。

　ところで私は、カフカの「断食芸人」を、あまりにも「作家」自身の暗喩として語るという罠に落ちている。「誰しも断食芸人のそばで、昼夜を問わず、絶対に眼を離さず監視人の役をつとめることは、不可能である、ほんとうに絶え間なくまた落度もなく、断食が続けられているかどうか、自分の眼で確かめることはできない、それができるのは、断食芸人だけである、だから、断食しながら同時に、自分の断食に申し分のない満足感を味わうただひとりの観客でもあるわけだ。しかしかれは、またべつな理由から、けっして満足感を味わってはいないのである、見るに耐えぬ姿だというので、惜しみながらもこの見世物から遠ざかっていくひとたちがかなりあったが、そのようにかれがやせ衰えてしまったのは、断食が原因なのではなく、自分自身にたいするこの不満から起ったことなのだ。つまり、断食がどれほどやさしいものか、ということは、事情に通じたひとたちも知らない、知っているのはかれだけなのである」（本野亨一訳）。この芸が、芸であることを知るのは自分だけなので、自分だけがその観客なのだが、この芸が実にやさしいことを知っているのも自分だけなので、それが不満でますますやせてしまう。つまりこんな自分の芸さえも、じつは芸として成り立っていない。そのことにまったく不満な自分がいて、やせ衰え、そのため断食が芸に見えているだけだ。かんじんなのは、分裂してては反転していく、こういうカフカの思考の細かい動きであって、そのため「断食芸人」は作家の喩えに見えてくるだけだ。

こういうカフカについて、ジュネは、いかに「審判」について書こうとも、実際に法廷の被告席に立たされ、犯罪者として裁かれたことがあるのは自分で、カフカにそんなことがわかるはずがない、と挑発をこめて語っていたことを、私は思い出す。

「綱渡り芸人」が綱から落ちる。落ちる危険とたえずともにあってこそ芸である。ジュネの美しいエセーは、死の危険については書いているが、綱から落ちる芸人の恥辱については書いていない。転落し不具になる運命についても書いていない。ジュネはただ、綱の上でオーラを帯びる芸人は、サーカスの外ではみすぼらしく垢まみれでいるのがよい、と書いている。綱の上でだけ、芸人がますますきらめいてオーラを帯びるためである。

そういう種類のオーラは、やがてジュネの作品から消えていくようである。アブダラの死に絶望したからだろうか。それだけではないにちがいない。おそらく悪と日常、美と醜、光と闇を貫く何かに、ますます彼が敏感になっていったからである。すべてのものがますます等価になり、白い光に透過されていった。等価は、無差別ではない。むしろ限りない差異に等しい。「綱渡り芸人」の転落は、まさにジュネの美学を引き裂くことになった。

言葉と戯れ、言葉で戯れる曲芸も、実は失敗の連続なのである。意味、音、文字、文法と戯れ、さらに思考、感覚、描写、物語とともに戯れる。ときには新しい法則や関数のように定着したいと思うことも出てくる。しかし、戯れることは、ゲームに勝つことでも、何か決定的なものをうちたてることでもない。現れては消える。近づいては遠ざかる。そして現れることと消えることが、ときに等しくなる。作ることは壊すこと。

それにしても、そそりたつ高山に挑む登山家や、限界ぎりぎりのスピードで走るレーサーのように、死の危険を宿命的な衣装のように身につける人を、誰も、あえて死と戯れるとはいわない。じつはどういう戯れも、見えないゆるやかな死を、あるいは明白な死を、戯れの根底に種子のように潜ませているからだろうか。危険と背中合わせであるどころか、危険に恋し、危険に中毒する。人がそういうふうに危険を生きてしまうことがありうることを、誰も否定できない。生きることは芸ではない。しかし、多かれ少なかれアクロバットであるにちがいない。

Kidnapping 誘拐

「子供をさらう」という意味のこの英語は、そのままフランス語のなかに定着した。フランス語の辞書に、kで始まる単語はきわめて少なく、kabbale（ヘブライ語）、kamikaze（日本語）、karma（サンスクリット語）、kayak（エスキモー語）のようにほとんどが外来語である。つまりこれらは外国語から「さらわれて」きた単語なのである。フランス語でkの音は、cやqを用いても表記できるから、あえてkで表記したのは、外来であることを痕跡として残すためにちがいない。少なくとも、結果としてそうなっている。実はwやxで始まる単語も多くが外来なのだが、出自の多様なことではkのほうが、はるかにまさる。

しかし、いったいどの単語が、純粋にフランス語に属するといえるのか。フランス語の構造的な母体はラテン語であるということだけがわかっている。そのラテン語が、フランス語に変身する過程で、ある程度規則的な変形が起きたとしても、そこにはまた多くの気まぐれや、例外が忍びこんだ。kidnapperのように、「誘拐する」という動詞が、もっともらしくフランス語の辞書に収められているのは異様でも何でもないが、ことさらこういう語だけが、明らかに「外来語」と指定されているのは微笑ましい。しかも、フランス語の最初の用例でこの単語は、

「子供を誘拐する」ことではなくて、「有色人をさらって奴隷にすること」を意味したと記されている。こんなふうにkの音には、西洋の歴史的な暴力の痕跡さえ含まれている。しかしそういう暴力、そして「誘拐」の跡は、そもそも言語の音韻に、語彙に、おそらく文法にさえも含まれている。そもそも「国語」というようなスケールで使用される言語は、ある地域の征服、支配の歴史と切り離せない。

「単語たち、どういうわけか生き延びてきたフランス語は、単語が敵味方として、互いに引き裂きあい、愛しあいながら、繰り広げてきた闘いを、隠してはまたあらわにする」。「そこでわれわれの口から出てくるのは、無垢であるなしに関係なく、交わりあう言葉の乱交であり、これがフランス語の言説に、迷ったすえに動物たちが落ち着く森林地帯の健康的な空気を与えている」。ジャン・ジュネは、こんなふうに言語について語っている。この文章（「……という奇妙な言葉」）で彼は、劇場は墓地に建てられるべきであり、演劇は死者たちの間で演じられなければならないと書いた。統制され、生きながら、すでに死語となった言語のうちにひしめく異音や異貌を救いあげなければならない。ジュネは言語に潜伏する支配のしるしに、きわめて敏感だった。

Kで始まる単語が示しているのは、言語において起こった、そして言語の外でも起きた、たえまないキッドナッピング（誘拐）の、ほんのかすかな、しかし明白なしるしである。

「おお、乙女たちよ、おお、渦巻のなかにつぎつぎにさしこむ光線よ、その渦巻のなかで、われわれは、目もくらむ光の速度にあなたたちの姿をたちまち見失いながらいつまたその出現が見られるかと胸をどきどきさせるのだ。もしもわれわれをひきつけるセックスの力が、あなたたちのほうにわれわれを駆けよらせなかったら、そんな光の速度をわれわれは知らずに過ごすかもしれず、すべてはわれわれに不動化して見えることだろう、あなたたち、つねにわれわれの期待を越え、つねに同一の形をもたぬ黄金のしずくよ。一人の少女の姿は、一回ごとに、前回とは似ても似つかぬものになるので（その姿は、われわれがそれを認めたかと思うと、それまで自分がもちつづけた回想と、いま自分にひきだしつつある欲望とを、粉々にうちくだいてしまうので）、われわれがその少女にもたせようとしている性格の安定は、虚構でしかなく、言葉の便宜にすぎなくなる」。こういう観察をするために、「私」は、恋人を自分の家に同棲させた。少女の頃から恋し始めたこの娘に「私」はずっと嫉妬していて、じつは嘘をつき続け隠れて同姓愛に耽っているのではないか、と疑っている。愛ゆえに、というよりも、むしろ恋人を監視しようとして、「私」はアルベルチーヌというこの娘を軟禁状態（キッドナピング）にしているのである。

プルースト『失われた時を求めて』の「囚われの女」（井上究一郎訳）のこういうくだりは、もはや愛の物語であることを逸脱して、感情の物理学のようなものになっている。「私」はもはやアルベルチーヌを愛してはいない、と繰り返し言いながら嫉妬し続け、嫉妬する自己と、嘘をつく恋人の挙措の一部始終を観察することに熱中している。「渦巻のなかにつぎつぎさしこむ光線」は、もう愛の賛歌などではない。嫉妬に燃えながら、その嫉妬の構造を研究するかのように物語を続ける語り手の前に、光の速度で変化する娘の表情や生態が繰り広げられる。その娘が、ひとつの性格、人格、個性であり、ひとつの身体をもつと思えたのは、みんな「私」の虚構にすぎなかった。愛していると思い、愛されていると思えたうちは、まだこの虚構は壊れずにすんでいた。愛に倦みながら、嫉妬を深めながら、恋人から遠ざかるかわりに、ますます近づくことを選んだ男の前には、光の速度で変化する「同一の形をもたぬ黄金のしずく」が現れる。

そもそも女性の顔、表情に特有の細かい変化や、特別な速度といったものがあるにちがいない。嫉妬は、それが妄想である場合も含めて、固着的傾向をもつと同時に、あらゆる潜在的恋人に対してむけられ、あらゆる方面に拡張していくという点で、また特異な速度をもつのである。そこに「光の速度」を見るとき、もはやプルーストは、愛の次元からも、嫉妬の次元からも、遠ざかっているようだ。しかし単に感情の物理学をしているわけではない。恋人を軟禁し、眠る姿を観察することは、もうひとつのすばらしい成果をもたらした。「目をとじ、意識を失ってゆくにしたがって、アルベルチーヌは、彼女と知りあった日以来私を失望させてきたあのさまざまな人間的性格を、一つまた一つと脱皮していったのだった。彼女はもう草や木の無意識な生命によってしか生きていないのだった、その生命は、私の生命から一段とかけはなれた、一段と奇異なものになった、しかもそれでいて、ますます私の権限に属するものになったのである。彼女の自我は、私たち二人がしゃべっているときのように、内心の思惑や目つきを突破してたえずそとに漏れて出る、ということはなかった。彼女は、自分からそとにあるものをすべて自分に呼びもどし、自分の肉体のなかに逃げこみ、とじこもり、縮こまっていた。私は、そんな肉体を、自分の眼下に、自分の手中に、おさめながら、彼女を全的に占有しているという印象をもった、そういう印象をもつことは、彼女が目ざめているときにはなかったのである」。

もちろんこの「彼女を全的に占有しているという印象」は、ほんの一時しか続かない。それは延々と続く嫉妬劇のわずかな休止の瞬間にすぎないが、光の速度で変化する少女が、つまり「渦巻のなかにつぎつぎさしこむ光線」が停止し、散乱する光は吸収され、少女はもはや人間ではなく、植物のような存在に変わっている。「私」から遠いこの植物を、遠いからこそ、いまや「私」は所有することができる。もちろんアルベルチーヌは、「私」の部屋で眠ったままではいない。やがて「私」の前から消え去り、落馬事故で死んでしまうのである。

「私」の感情は、様々な微粒子と、微粒子の速度から構成されている。そこにアルベルチーヌの「悪徳」の微粒子が紛れこんでいる。さまざまな関係、イメージ、評価の微粒子が、それらとともに渦巻く。人物を、恋愛や失恋を、社交界の駆け引きを、延々と描きながら、やがて世界を構成するそういう微粒子と速度だけが見えるようになる。「失われた時」は、「失われる」ことによって、そういう微粒子と速度の図を出現させる。もちろんこういう図を描くところまでたどりつくには、ただ「失われた時」を回想する以上の例外的な探求が必要だった。あの小説のなかに書き込まれているように、「私」がいよいよこの探求にとりかかろうとしたとき、もう生の時間は残り少なかった。しかし、ただ闇雲に手探りして、何もなしえないでいた長い間にも、すでに探求は始まっていたし、半ば終わっていた。そういう生と時間のからくりには、誰もうちかつことなどできない。果てしない探求の結果わかってきたことは、誰も逃れられないそういう時間の構造にすぎなかったかもしれない。

Lac　湖

湖畔の町、松江に生まれ育ったことは、自分の性格に何らかの影を落としているにちがいない。湖も、海のように荒れ狂うことはあるが、自然そのものが根底から怒っているような恐ろしい荒れ方をすることはめったにない。穏やかな漣《さざなみ》のたっていることが多いのだ。四方をなだらかな山影が幾重にも取り巻いて、まるでそれがさざめく波の延長のように見える。晴れた日の青も、大洋のように濃紺ではなく、やや水色がかっている。湖面に反映する落日の景観が豪奢なことで知られるが、この地方は雨か曇りのことが多いので、むしろ夕暮れにも、雲と水面を染める淡い色の果てしない諧調に注目するほうがいい。山影に囲まれた湖面の広がりには、無数の雲のモザイクが浮かび、それらがすべて水面に影を落としている。風景は一面の灰色に見えても、よく見つめると、無数の淡い灰色、菫《すみれ》色、紫色、白色が隣りあう広大な光と水と水蒸気の劇場なのである。湖面に映った光は、逆に空にも反映される。そういう光の散乱や、細かい形の変幻や、微妙な色の諧調の広がりを海に見ることは、まれであるにちがいない。海の色はもっと深く、一様であり、それゆえに強烈である。

この湖は浅く、水はいつも少しにごりがちで、雲の多い日に、その雲の形は、山のいたるところ、湖のいたるところで変化し、それらの変化が湖面に反射し散乱されるのが目に入る。晴れの日よりも、うす曇りの日に、こういう変化はかえって顕著で、色彩は華々しくないのに、淡い色と不安定な形の無限のヴァリエーションが視覚をざわめかせる。

それにしても、こんなふうに倦むことなく湖を見つめるようになったのは、わりと最近のことである。

十代の頃のある日、夕暮れどきに湖岸を歩きながら、靄に包まれた乳白色の広がりが薄い赤に染まっているのを見ていた。風景全体がぼやけて水面と空の境がよくわからなかった。一艘の小船がその中をゆっくり横切り、水面に筋を引いていった。その筋を境にして、そこから湖面がこちらの岸辺にむけて、少しだけ明るい赤の色面をゆるやかに広げていった。船の描いた水脈から、封を切ったようにその色が扇形に大きく広がり、岸にむけて水面を染めていった。これは少し魔法のようだった。しばらくはその魔法にかかったような気分で、それはただ自分だけが偶然目撃しえた光景にちがいないと、若い時の思い込みで考え、この光景を目にしたことを、まるで特権のように思って感激していた。要するに、通り過ぎる船の影響によって水面の波長が変化し、そこに反映する光がいっせいに変質したのにちがいない。そういう光景をまた見たいと思ってきたが、あのとき一度しか見た記憶がないので、水面の状態や光の条件や船の速さや大きさ、観察者の位置などが符合した結果、まれに見える現象だったかもしれない。

今日、窓の外に広がる東京の空は灰色である。ほぼ一様に灰色で、こういう灰色にすっぽり包まれている日は、厚い雲が動いている印象もなく、そもそも雲の形が見えない。このすきまのない雲の壁が崩れて青空が見える日は、もう二度とこないのではないか、と思ったりする。

あの町で、湖の上で、雲はつねに動いていた。年中湿気があって、人々の気分にも、言葉にも、湿気がからんでいた。みんながゆっくりと曲線を描いて動いていた。話し方も語調もそれに連動していた。子供のときは、湖岸で釣りをしたり、埋立地の砂地で野球をしたりして、多くの時間がすぎていった。もちろんその頃、灰色の湖と空に、無数の色と形の変化を見つめたりすることはなかった。しかし、確かにそのなかで生きていた。

出雲空港から離陸する飛行機の窓からは、子供のとき頭に転写された島根半島の地図がそのままみわたせる。飛び立ったばかりの飛行機が方向を変えながら大きく傾く。宍道湖を取り巻く地形も傾いて、飛行機の腹に巨大な生き物のようにはりついている。それは、とぐろを巻く巨大な蛇の印象である。

若いときからは、この故郷との距離がずいぶん変質していると思う。そこからなるべく遠ざかるようにして生きてきたが、遠くにいても、湖のかたわらでただ闇雲に遊んでいた子供が、この心身のなかに、いまも、ここに間違いなくいる。懐かしさとか、回帰の感情とは少しちがう。土地の空気、光や音の刻印は、確かに体に刻まれている。感情的というよりは、もう少し物理的な次元の記憶といおうか。

何といってもすばらしいのは華麗な落日の景色ではなく、晴れわたった日の爽快な水の色でもなく、灰色に染まった水と空の、無限の諧調と形である、というように書くこと自体が、少しへそまがりなことだろうか。湖のある町の風土によって、自分の性格までが、決定されたのか、ほんとうのところはわからない。確かに方言の特徴のはしばし、いつも人々の間まで隔てているような湿気の膜、鈍い光のなかで交わされる視線、そんなものまでが、子供の性格にまで確かに影響を与えたはずだ。そもそも自分の性格というようなものが、ほんとうに存在するのか、いまだわかっていないし、ますますわからない。あの土地の人々にほぼ共通の性格とは、およそ攻撃的でも直裁でもなく、また計算高いわけでもなく、斜線のうえをいったりきたりして、しかもそれがたがいの習性でもあるので、極端な軋轢や確執につながることもないほどのすれちがいを測りながら、ゆるやかさを、おたがいに強制しあい、やわらかに、窮屈な関係を保ちあっているというふうでもある。

そういう雰囲気にがまんができず、遠くに出て行って、やがてフランス語とその文学にかぶれてしまったので、それもまた自分の性格の一部になっている。フランス語で喋るときの自分は何倍もお喋りであり、ほとんど人格も変わっている。つまり自分の性格といっても、それほどの振幅があるのだが、やはり性格というものはあるにちがいない。育った土地の刻印が、そこにきっと浸透している。しかし、穏やかで怒りっぽく、複雑でわかりやすく、陰鬱で陽気であり、というふうに、しばしばひとつの性格のなかには矛盾する特徴が含まれている。そもそも性格を表現する語彙の多くが単純すぎ、一方的すぎるのだ。そういうおまえの「ややこしさ」こそ、あの土地から受けた影響のしるしだという人があっても、そうだともそうでないともいえない。それなら、性格ではなく、体質といってみようか。身体、そして知覚、感覚を形成するのは、確かに土地の光、風、大気、人々の立ち居振る舞い、語気、まなざしであったりするだろう。

しかし、決してこのことから故郷や祖国を、何か至上のものとして特権化することはできない。故郷とは、単に環境からくる微細なデータの集積だから、まだいいとしても、「祖国」というような単位は、多くの要素を捨象した観念の所産なのだ。そしてその故郷にさえも、遠くの人々、近くの人々の無数の痕跡が残っている。私の家系に外国の人の痕跡はないが、祖父は鳶色の目をし、髪は赤毛だった。系図をくわしく調べる趣味はないし、出自のことは、よくわからない。しかしひとつの土地が、まったく可塑的な子供の身体に何を注入するか、そのことには前よりも興味がある。

いまたとえば東京のある界隈の「土地」で、ひとりの子供には、どういう光、空気、ざわめきが刻印されるのか、これらはどういうふうに子供の身体と感覚を鋳込むことになるのか。これといった特徴もなく、画一的で味気ないように思えても、こんな「土地」さえも取りかえのきかない唯一の、そして限りなく複雑な与件を構成しうる。

時間があり、空間があることは、人間にとって先天的な与件である、と考えた哲学者もいる。人間にとってだけ先天的なことを、人間がわざわざ確かめても、動物がそんなことにうなずいてくれるわけではない。見方を変えれば、時間と空間が、それほどまぎれもない与件としてあるのは、根深い思考の習慣によるものにすぎない。過去、現在、未来を分かつ時間という秩序の裏側に、また遠いと近いを分かつ空間的秩序の背後に、いつも渦巻いているものがある。この渦は、それぞれの場所、瞬間で異なっている。異なる渦が異なる痕跡を心身に刻む。じつはそういう痕跡こそが、気質や性格を形づくるといえるが、その痕跡の水準には、ただ渦巻く混沌しかない。ふつう気質や性格を形容する言葉は肌理があらすぎて、多くのものをとりこぼしてしまう。しかしそんな言葉さえも、ただ整理された意味作用にそって機能するわけではなく、注意深く受けとるなら、カオスのほうに身をよじらせていることも、見ようとすれば見えてくる。

宍道湖
（1979年頃、ポラロイドで著者撮影）

Marchand　商人

詩人の中の詩人アルチュール・ランボーが、二十歳すぎにはもう詩作をやめ、諸国を放浪し、やがて砂漠の商人になってしまったことは、よく知られている。三十七歳で死ぬまでの約十年間は、いまのイエメンやエチオピアにあたる地域で、もっぱら探検や交易をしながらすごした。駱駝を集め、大がかりなキャラバンを組んで、武器の取引をしたこともある。詩人をやめてしまったこの時代のランボーのことさえも、しらみつぶしに調べ上げる研究家たちがいる。詩人ランボーは、どうして商人に変身したのか。実は商人の仮面をかぶっていたにすぎないのか。まったく別人になってしまったのか。それとも商人になったことも、彼の詩作の延長線上にあり、詩的な演技であり、ある種の意識的な選択ではなかったのか。どうやら正解はないようで、この〈転身〉は謎であり続けている。いったいランボーの中で、詩と商業は、まったく断絶していたものか、それともどこかで連続していたのか。

そういう問いは、彼の歩んだ人生から浮かんでくるだけでなく、彼の詩の言葉自体からもわきあがってくる。無垢の少年のきらめく詩的感性が、ただ傍若無人に世界と自然を引き裂いていくようだが、その作品には、しばしば乾いたシニカルな表情もあらわれた。「この私！　一切の道徳を免除された、道士とも天使とも自認したこの私が、果たすべき務めを探し求め、ざらざらした現実を抱きしめるべく、土に戻されるのだ！　百姓だ！」（『地獄の季節』、ランボーの引用は以下も『ランボー全詩集』宇佐美斉訳による）。

『地獄の季節』は、散文詩（あるいは詩的散文）を精妙に配置して、自己の短い詩的人生を、ヨーロッパの全歴史と対決させるという途方もないモチーフをこめた作品だった。若い多感な魂の通りすぎた一「季節」について語っているにすぎないようだが、圧縮された詩的言語にこめられたのは、一青年の詩的内省であると同時に、キリスト教以来の西欧的な価値の批判であり、その歴史への批判であり、さらには歴史をしるす言語そのものへの批判であった。しばしば猛々しい「青春の書」であるかのように読まれてきたが、このちっぽけな本が、十九世紀後半の歴史の葛藤や断層を敏感に検知し、反映していたことには、いまでもびっくりする。

そのランボーが、詩を書くことをやめてしまう。ほとんど詩のことなど忘れてしまったかのように残りの人生をすごしてしまう。その作品のいたるところに、みずからの詩を葬ろうとするかのような言葉が見える。『地獄の季節』は、とりわけ詩との訣別の辞としても読める。「一切の道徳を免除された、道士とも天使とも自認したこの私」という詩的存在は、いまや「ざらざらした現実」にもどらなければならない。「支配者」も、「労働者」も、「百姓」も「下劣だ」と書いた詩人が、こんなことを記している。「私は自分の想像力と思い出とを、葬らねばならない」。

『地獄の季節』のような本を書いたこと自体を断罪するようにして、その最後を「別れ」という章で結んだこの書き手は、いったい何と別れ、どこに行こうとしていたのだろう。『地獄の季節』を最初に全訳した小林秀雄以来、この訣別の身振りそのものを、究極の詩的表現として読むか、それとも、詩よりも、もっと重要なことがある、という醒めた宣言として読むか、そういう問いにも答えは出ていない。ランボーは、答えのありえない問いを問うたのだろう。

とにかく彼の、輝かしく、野蛮で、繊細でもある言葉は、ある深い批評とともにあり、その批評は、彼自身の詩の奥底にまで及んでしまう。そういう鋭利な批評にさらされた詩に、もはや出口などありえなかった。きれぎれに、「新しい時」、「絶対に現代的でなければならない」、「輝かしい都市に入城する」、「ひとつの魂とひとつの肉体のうちに真実を所有すること」などという肯定的な暗示を含む語句があるにすぎない。現実のランボーは、まさに「ざらざらした現実を抱きしめる」ことになる。やがて農業にではなく、商業にたずさわることになる。アラビア、そしてアフリカから、まさに砂を噛むような言葉で、家族に手紙を書き続ける。

ところで「商業」に関しても、ランボーは奇妙な作品を残している。『イリュミナシオン』の中の「売り出し」という短い詩はその代表である。「売り物だ。ありとあらゆる人種、世界、性、血統を超越した、値のつけようもない肉体！　試みるごとに迸《ほとばし》り出る富！　ダイヤモンドの無制限な売り出しだ！」「売り物だ。居住と移住、スポーツ、夢幻、完璧な設備、騒音と運動、そしてそれらが作り出す未来！」「売り物だ。肉体と、声と、そして疑問をはさむ余地のない莫大な富、決して売りに出されることのないものだ」。ランボーの時代に、これらは、まったく奇妙な「売り物」に見えたにちがいない。しかし、ここには、やがてあらゆるものが商品となる奇想天外な未来の市場を、鋭敏に察知した言葉がある。こういう詩を書いた青年がヨーロッパを去り、やがてアラビアとアフリカの間を往復する商人になっていくのだ。ただし彼が交易したのは、武器をはじめとして、まったく実用的なもので、それほど奇想天外な商品ではなかった。

ほんの二月続いたパリ・コミューンの「革命」に共感して詩を書いたランボーは、確かに社会主義的であり、当時の政治闘争を少なからず意識した戦闘的な詩も書いている。しかし『イリュミナシオン』のランボーは、それ以上に〈超資本主義者〉である。当時のロンドンの風景に重ねて、どこにも存在しない都市を描くことまでも試みたランボーは、目に見える物質や肉体の形態のむこうにある何かを透視しているようなのだ。

未来都市を予言したとか、異次元の世界を幻視したとか、そういう類のことではない。おそらくさまざまな兆候はすでに現れていた。境界や形態を限りなく超えて出会い、交錯し、共振し、衝突する様々な欲望や、力や、流れや、振動が、都市を、政治を、経済を、文明を揺さぶっていた。そういう世界では「売りに出されることのないもの」さえ、たちまち売れている。超資本主義者としてのランボーは、そういうふうに実体の輪郭を超えて加速される流れを検出するようにして詩を書いたのである。流れるものは、まさに商品であるとしても、商品とは、ほとんど実体のない流れそのものである。資本にとって肝要なのは商品自体ではなく、商品が貨幣に変身し、貨幣がまた資本となり、商品を再生産するという流れ、循環、回転であり、その速度である。ところで「売りに出されることのないもの」とは何か。肉体であれ、臓器であれ、神であれ、信心であれ、詩であれ、空気であれ、この世界で売られていないものなど、何ひとつないのに。

しかしランボーの主題は、別にこの世界の資本主義と商魂の偽善を糾弾することではなかった。むしろ逆なのだ。

あらゆるものが売れるということは、あらゆるものが欲望の対象となるということを意味する。何よりもまず、ランボーの超資本主義は、多様性の賛歌である。あらゆるものの中には、もちろん詩さえも入っているにちがいない。そして「値のつけようもない肉体」。インフレーションのことではなく、無尽蔵の富が流通するとランボーはいいたいらしい。とにかく、そこには、もっとも精妙な美、快楽さえもが、売りに出ている。繰り返し「肉体」の売買について触れているのだから、まさに「売春」が問題になっているにちがいない。売り手にとっては、みずからの肉体を疎外することになる。この世界で、欲望はすべてを買おうとする。地球全体の消費の中で、日々食いつなぐための消費は、ごくわずかな割合を占めるにすぎない。ランボーは、資本主義のむきだしの果てしない性格を摘発しながら、それを加速するようにして、その彼方に突き進んでいく。究極の商品とは、詩的なものであるべきだ。詩的労働、詩的生産、詩的消費が、この世界をみたすべきだ。

ところが現実の欲望はいつも中途半端で、不徹底で、売春のようなみじめな取引に限定され、一方では、そんなことはまるでなかったかのように、治安や警備や兵器や規律において、欲望の経済は去勢されてしまうことになる。最悪なのは、欲望が自動化し、自己目的と化し、もはや何を欲望するのでもなく、ただ拡張と増殖を欲望するようになることだ。ところが、詩に表現されたランボーの〈超資本主義〉は、はるかにつつましく、豪奢で、徹底していた。そこには新しい「欲望」と「労働」のかたちが素描されていた。

「商品は、ある新しい労働様式の生産物であって、これは新しく現われた欲望をまず充足させるためになされたものであるかもしれないし、あるいは自分の力で、欲望をまず呼び起こそうとするものであるかもしれない」。注意して読むなら、マルクスの『資本論』(向坂逸郎訳)は、ところどころに「欲望」という言葉をちりばめている。「商品は貨幣を愛する」。確かに資本主義の原動力とは「欲望」なのである。そうはいっても一見それはあたりまえすぎて、それゆえマルクスにとって思考すべきことは、商品、貨幣、資本の真の実体というべき「労働」であり、決して「欲望」ではなかった。しかし商品とは、ただ労働の表現であるばかりでなく、欲望の表現であり続けている。精神分析が問題にした「欲望」と決して無関係ではないとしても、その欲望は、まったく自明な、富への、快楽への欲望のように見える。ところが欲望は、ほとんど何も欲望することなく、欲望自体を欲望するというような悪循環に入っている。資本主義を動かしている欲望を再考するという課題が、確かにいまもあるにちがいない。

「しかし実際には、偏狭なブルジョア的形態が剥ぎ取られれば、富は、普遍的な交換によってつくりだされる諸個人のもろもろの要求、能力、享楽、生産力、等々の普遍性でなくてなんであろう？」。これは『経済学批判要綱』の名で呼ばれ、日本語訳では『資本論草稿集一八五七−五八』（資本論草稿集翻訳委員会訳）として出版されているマルクスの書物の中に見える一節である。

しかし「富」は、いまもそのようなものとして享受されてはいない。「富」は、世界の一部に存在し、過剰なほどに存在する。まるで貧しさを前提としなければ、富がありえないかのように。そういう不均衡の中では、富もまた貧しさを帯びているように見える。この不均衡を保持するために、富のほうでも身をやつしているかのように見える。それはつまり「偏狭なブルジョア的形態」が、いまでも続いているからなのだろうか。マルクスがこれを書いてから、約一世紀半がすぎている。「富は、先行する歴史的発展だけを前提として、人間の創造的素質を絶対的に表出することでなくてなんであろう」。それなら、この数世紀の「歴史的発展」とはいったい何だったのか。

マルクスは書いている。「そしてこの歴史的発展は、発展のこのような総体性を、すなわち、既存の尺度では測れないような、あらゆる人間的な力そのものの発展の総体性を、その自己目的にしているのではないか。そこでは人間は、自分をなんらかの規定性において再生産するのではなく、自分の総体性を生産するのではないのか」。こんなふうに「総体性」について語るマルクスは、「既存の尺度」や「規定性」の外で、自己そのものをまるごと創造し、表出することを「富」と考えている。「そこで人間は、なにか既成のものに留まろうとするのではなく、生成の絶対的運動の渦中にあるのではないか」。超感覚的な、何か無制限のものを生み出し、「売り出そう」とするランボーの超資本主義と、このマルクスの思索は、確かに共振する。マルクスは、「偏狭なブルジョア的形態」を批判しながら、もはや物の生産ではなく、（総体的な）自己の生産を構想している。そういう自己の欲望と労働が、これに対応するにちがいない。

ランボーの夢、マルクスの構想は、裏切られ続けている。しかし一度も実現されたことのない幻想であったわけではない。それどころか、たえまなく、いたるところで、資本主義は潜在的には、ランボーの「売り出し」やマルクスのいう「富」のようなものであり続けてきた。

マルクス（『資本論』）の交換の例では、たとえば二〇エレの亜麻布が市場で二ポンドで売れる。その二ポンドを得た人が、こんどはそれと同一価格の家庭用聖書を買うのである。一日アルバイトをして、ロックやラップのCDを買う青年も別のことをしているわけではない。それにしても、なぜ「聖書」なのだろう。この「聖書」は、使用対象として「亜麻布」を織った職人の宗教的欲望をみたす。マルクスは、わざとシニカルな例をあげているように見えるが、この世の商品の多くは欲望の対象であり、単に使用価値を体現するものも、「聖書」が欲望されるように欲望される。「聖書」さえも欲望され使用される。そして、この資本主義的生産の大半を占める商品とは、もはや生活の糧でさえなく、情報であり、夢であり、趣味であり、快楽なのである。「売り物だ。居住と移住、スポーツ、夢幻、完璧な設備、騒音と運動、そしてそれらが作り出す未来！」というランボーの「市場」は確かに実現されているのに、そして多くの人々がそれを享受しているのに、富も貧困も、搾取も、階級も、飢餓さえも、あいかわらず存在している。もはやそういうものが存在する理由がないほど、生産、消費、流通の形態は変質しているのに、ただ人々の意識が変わらず、その意識が現実を固定しているかのようである。

奇妙にも、労働し、生産し、消費するものとして、集団の一員として測りしれないほどの力を蓄えている個人が、まったく自己を無力として感じているという事態がこれに対応している。それにしても、詩に表現されたランボーの〈超資本主義〉は、私たちの資本主義の陰画であり潜在性であり、それほど「現実離れ」しているわけではない。豪奢で、つつましい、欲望の資本主義……。

「新しい労働の生誕」などと『地獄の季節』に記したランボーは、おそらく資本主義の未来にかかわる重要な問題を感知していた。私たちはあいかわらず新奇な商品のほうに目を奪われるが、それを生み出す労働に注意をむけることが、きわめて少ない。経済においては、商品や貨幣のほうを実体化して受けるだけで、労働、生産、流通、消費が、どんな性質の〈行為〉であるかには、めったに注意がむかわない。マルクスの思索は、経済学的である以上に、労働という行為が交換価値となる過程そのものにむかっていたからこそ、まさに「経済学批判」として実践された。その批判は、さらに欲望の次元にまで入っていかなければならなかったはずだ。詩作という労働と、この世界の労働を、確かにランボーは対比している。詩作と商業は、ある程度まで、共通点をもつ。両方とも、ほとんど夢想を売るような仕事だからである。ランボーの中には、厳格な、ほとんど農民的な気質も隠れていたが、詩の中のランボーは、まったく逆に、加速された資本主義（商業）を実践している。やがて、みずからの中の詩人を葬るようにして砂漠の商人になる。まさかそれが、彼の予告した「新しい労働」ではなかっただろう。

この世界では、ますますおびただしい生産、交易、消費が、秒刻みに進行し、そのような市場は、確かに夢想と欲望の劇場でもあり続けている。「新しい労働」はすでに実現されているのに、それは「新しい」ものとして生きられず、そのように知覚されることもない。労働の意味も、その現実もすでに変質しているかもしれないのに、労働の重たい固定した表象は、あいかわらずいすわったままである。身体や神経や脳の次元で現実におきていることに私たちの注意はおよばず、賃金や物価や金融や株のことに意識を奪われている。マルクスが「物神化」と呼んだ事態は、たえず復活してくる。

ランボー（1883 年、エチオピア・ハラールにて）

Naissance　誕生

画家が、生まれたばかりの眼で見た世界を描きたいといったり、たとえば溝口健二の映画を見たフランス人が、まるでたったいま始まったばかりの世界の光を定着したような、といったりする。そういう願望やセンスにまったく共感する自分がいる。

世界は汚れきっていて、この自分の感覚もそれに汚染されている。この世界の外の光や音を感じたい。たとえばベルクソンの哲学は、この世界というより、人間の社会生活の要求や強制が、とりわけ行動の必要が、人間の知覚を狭め、減衰させ、その外の広大な世界の出来事に対しては鈍感にしてしまう、ということをいつも基本的モチーフにしていた。だから彼にとって芸術や哲学の課題とは、社会的必要を超えて、この広大な世界にむけて知覚を開くことである。社会的必要の根は深く、それは知覚にも、言語にも、思考の仕方にも浸透している。動いているものを、単なる空間の中の固定した位置の変化に翻訳したり、分割できない時間の持続を、一分や一秒に分割して計量する。科学は、そういう分割や翻訳の手続きを大いに洗練して、そこから生まれた技術が、世界そのものを加工し、変質させてきた。ベルクソン哲学の大きなモチーフは、科学の批判でもあった。こうして彼は、自然と人工（社会）を二つに分けて対立させている。

しかし一方でベルクソン哲学の重要な提案は、物と、物のイメージ（あるいは観念）を、しばしば対立させてきた二元論を超えて、両方とも一律にイメージとしてとらえることであった。そうするとイメージと物のちがいなどないのだから、両方とも物と呼んでも差支えがない。そのようなイメージの集合に取り囲まれて、人間の脳は、そのごく一部を選別し、凝集させ、感情や記憶の層を構築している。こんなふうに二元論の思考を批判したことはめざましい遺産にちがいないが、ベルクソンは、知覚の外の広大な世界と、社会の中で行動する生との対立という二元性は保存し続け、これをいつも彼の思想の変わらぬモチーフとした。

物とイメージの区別に関するベルクソンの批判的な思考は画期的なもので、たくさんのことを考えなおすきっかけになる。また分割できない持続を、分割せずに把握するという課題を示したことも忘れがたい。しかし社会の外に、あたかも無垢であるかのような持続の世界を想定し、社会的必要が、そういう無垢な持続から知覚を隔離してしまうという図式は、大まかすぎる。芸術家のように目を開きさえすれば、広大な世界が開ける、と繰り返すときは、ほとんど無残な新興宗教的プロパガンダのように聞こえてしまう。

どんなにすぐれた画家も、映画作家も、映画のカメラさえも、決して無制限の無垢な世界をとらえるわけではない。そもそも生命は、自分が生きうる環境の中で、その中でのみ生きのび、知覚し行動する。そのような環境そのものを、相当に可塑的なものとしてたえず作り変えてきた人類は、その中に社会というもうひとつの環境を形成してきたけれど、社会さえも、社会的必要さえも、かなり可塑的で、たえず変化してきたのだ。芸術家は社会によって制限された知覚の外に出る、とベルクソンはいうが、〈芸術〉でさえも、ただ無制限のカオスを描くわけではなく、この社会の中に、多少とも異質な知覚をつくりだすだけである。そして、そんなことに精魂を傾ける芸術家が次々存在してきたのは、この社会の中に、いつもそういう知覚のゆらぎが存在してきたからである。

ベルクソンの図式によると、社会的必要に拘束された灰色の世界と、その外の虹色にきらめく世界があるかのようだが、ほんとうは社会も歴史もない世界にはただ灰色のカオスが広がっているだけだ。蠅の眼にとっては、世界に色彩がなく、ただ灰色が広がっているように。世界を虹色ととらえる人間の知覚は、まさに人類史の成果なのだ。ベルクソンにとって、社会の内部と外部は明白にわかれているが、じつは社会の内部で、あるいはその周縁で、いつも知覚の枠組みは揺れている。こうして様々な知覚のあいだにせめぎあいがある。芸術は、決して無垢の自然に触れる平和な行為ではない。様々な知覚のあいだの戦争をくぐりぬけるしかないのである。「戦争」という詩を書いた詩人ランボーはこのことにも、実に敏感だった。「子供のころ、ある種の空が私の視力を練磨した。あらゆる性格が私の顔にさまざまな表情を刻んだ。一切の事象がうごめきを開始した」。「権利ないしは力に基づいた、まったく予想もしなかった論理に貫かれた戦争を、私は考えているのだ」（『イリュミナシオン』）。

生誕は、めくるめくような出来事である。この社会の中に、生命が産み落とされる。望まれた子であろうと望まれない子であろうと。この生命は、生命としては社会の外にあるが、さっそく社会の刻印をおされる。名前を与えられる。戸籍に入る。生き始めることは生かされることである。乳を与えられ、与える人の顔と対面する。対面する中で、言葉を注入される。知覚し、運動する。聞く。話す。こうしたことすべてが、方向づけられている。おびただしい反復とともに社会が、子供の身体に入りこむ。暴力的な、望まない侵入であり、調教であり、強姦であるともいえる。卵の状態にあった生命が、いやおうなく器官に形成されるように、社会の外の生命が、社会として形成される。いや、おまえはそもそも社会として生まれた。「あらゆる性格が私の顔にさまざまな表情を刻んだ。一切の事象がうごめきを開始した」。

社会と生は、たえず相互に侵入しあい、社会はほとんど有機的な現実となっている。社会が、政治が、生の奥深くまで、じかに介入している。ベルクソンの哲学は、こういう事態に対しては、まったく鈍感であり、ほとんど無効である。生命や自然の楽園、それらに対応する豊かな知覚の楽園のような領域は存在しないし、存在させようとすれば、それらに深く入りこんだ社会的抗争を通じて、「まったく予想もしなかった論理に貫かれた戦争」によって、それらを獲得するしかない。もちろん、すでに獲得された多くのものがあるからこそ、私たちはまだ戦うことができる。しかし〈獲得されたもの〉は、決してこの社会の外の「直接的与件」などではない。

「いつだったか、ある日わたしは自分がこの世界にいるのに気づいた。それまでは、むろん生まれ落ちてからこのかた、感じることなく生きてきたのだった。わたしがここはどこなのかと尋ねると、誰もがわたしを欺き、みんなの言うことは矛盾していた。どうしたらいいのか言ってくれと頼むと、みんなはわたしに嘘を言い、それぞれ自分のことを言った」(フェルナンド・ペソア『不安の書』高橋都彦訳)。

Oblique　斜線

「斜に構える」という言い方もあって、ふつう「斜め」に、あまり肯定的な意味はない。フランス語にも英語にもある oblique という単語も、斜めの、遠回しの、陰険な、ひねくれた、などを意味する。しかし正方形の一角から、むこう側の角にいくには対角線上をわたるのが最短距離で、「斜めにいく」ことは、この場合決して遠回りにはならない。「斜め」は、水平と垂直を規則とする動きに対しては違反だけれど、もっとも速く、効果的な選択でもありうる。

現代のダンスには、幾何学的、対称的な図形をたどる身振りを逸脱する捩れや歪み、そして斜線が果敢に取り入れられて、おそらく新しい幾何学（曲面幾何、位相幾何、フラクタル等々）の発想にも対応しうるような軌跡を描き出すようになっている。

しかし高度な技術や身体能力によって生み出される動きの迫力が、そのまま創造的な表現につながるとはかぎらない。ダンサーの身体がほとんどまっすぐなままで、ただぶっきらぼうに斜めになるときなど、一瞬どこにもない身体を目にしたと思うときがある。身振りの可能性は無限であると同時に、体はどんなふうにでも動かせるわけではない。あくまでそれは制限の中での無限である。そして同じ身振りを、連続する形態（ポーズ）の組み合わせとして構成するか、それとも、そのような形態の間に焦点を移し、形態を次々抹消するようにして運動するか、という点で、少なくとも二つの芸術的態度が、ダンスに関して成立しうる。

もちろんダンスの芸術は、いまも多くの場合外向的で、二十世紀はじめに文学、絵画、音楽が追求してきたような厳しい問いや否定性からは隔離されている。幸いにして、というべきだろうか。文学は言葉を、絵画はイメージそのものを、音楽は調性やリズムや音という素材を、ほとんどゼロにまで還元し、ゼロと背中合わせになりながら、かすかに再構築するようなことを続けてきたが、ダンスの素材は、加工しがたい生きた身体そのものであり、祝祭や儀式のためのダンスとして様式化されてきた長い歴史から離脱することも難しかった。

ダンスを、現代詩や現代美術と同じ地平で問い、ゼロから鋳なおすようなことを考え、すさまじい実験を続けた土方巽の、さまざまな「斜線」にみちた一生のことを、しばしば私は考える。現代詩が、言葉と意味を引き裂き、粉々にするようにして試みてきたこと、現代美術が、形態もイメージも破壊しながら追及してきたことを、土方巽は早くから、過剰なほど意識しつつ、ダンスの行方をさぐっていた。「同じ地平」と、いまあえて書いたが、実は土方にとって、何一つ「同じ」ものはない。土方は、驚異的な詩人でもあったが、仮に詩にむけられた問いを、舞踏する肉体において問うとすれば、どうしても異なる問いを問うことになる。舞踏にとっては、身体が表現の唯一の素材であり、主体である。肉体の闇は、言葉よりも、イメージよりも、深く濃い闇で、操作が難しい。どうにもならない肉体をどうにかしようとする芸術は、ただ肉体を酷使すればいいのではなく、肉体に何か別の次元や位相を発見しなければならない。そういう難しさには、土方と親しかった美術家たちも、文学者たちも直面してはいなかった。もちろん彼らにも、彼らの場所に固有の問いがあったにちがいないけれど。

土方巽は、ダンスがかつて問うたことのない問いを問うた、といおうとして、私は少し「遠回し」な言い方をしているようだ。現代詩や現代美術を、シュールレアリズムを、フランスの文学思想を、じつに貪婪に受けとっていた土方は、しかも彼自身の肉体と文体によって、すでに踊り続けていた彼自身の身振りを通じて、それらを受けとり、またたくまにそれらの刺激を、彼のからだの闇に貫通させるようにして生きてしまったのだ。

「確かに私にも、サイダーを飲んだりしてはしゃぎ踊ることもあった。しかしめりめり怒って飯を喰らう大人や、からだを道具にして骨身を削って働く人が多かったので、私は感情が哀れな陰影と化すような抽象的なところに棲みつくようになっていた。あんまり遠くへは行けないのだからという表情がそのなかに隠れていて、私に話しかけるような気配を感じさせるのだった。この隠れた様子は、一切の属性から離れた現実のような顔をしていたが、私自身も欠伸されているような状態に似ていたので、呼吸も次第に控え目にならざるをえなかった」。舞台に立つことをやめた土方が晩年に書いた『病める舞姫』は、こういう子供の心身をめぐる記述を果てしなく続けている。いくらか子供時代の回想記のようなところがあるが、じつに奇妙な「捏造された」回想記なのである。

「からだの中に単調で不安なものが乱入してくるから、からだに霞をかけて、かすかに事物を捏造する機会を狙っていたのかもしれない」。そういう狡猾な子供など存在したはずがない。実はこれは回想記ではなく、この子供は、大人と同時存在し、ひとりの子供を演じている。そういう子供が、ある子供の体験を見つめ、分析している。つまり何人もの子供がいるようである。誰でもなく、野蛮で、怪物で、しかも光や大気や蒸気に、いつでも透過されているように形のない子供がいる。これらの子供は、ほとんどいつも斜線上を動き、斜線を描いている。

「いろいろなものが、輪郭をはずされたからだに纏いつき、それを剥がすと新しい風が印刷されるように感じられたが、風の方でもまちがいを起こし、私もまたあやまちを重ねただけにすぎなかったのだろう」。そういう「あやまち」だけを素材としモチーフにするような芸術として「舞踏」は構想されたのだろう。

すさまじいほどの言葉と思考が肉体の闇を照らし出す。しかしそこに照らし出され浮かび上がった世界は奇妙に明るい。

なつかしい、というような遠近法がしのびこむ余地はなかった。子供はいまそこに現前して、舞踏している。「停車場の売店で玩具をねだって泣きわめいている時には、世界をバラバラにしてやるという、切羽つまった願望があって、この絶叫が際限なく続けば遂に私は子供の資格を失うのだという舞踏であった。成算のない仕事を持とうと心掛けた男でなければ、舞踏は踊れない性質を帯びているものである」などと、土方は六〇年代に書いている。すでに浸透しあっているこの子供と舞踏家とは、ますます浸透の度合いを深めていき、ついに入れ替わってしまったかのようだ。

「私自身も欠伸されている」。「からだ」を焦点にして、世界が反転している。私の中に、たえず世界が侵入してくる。「私」とは無数の受動態でしかないが、その受動の間を、たえず斜めに横切る視線がある。

暗黒、悪、男色、倒錯、叛乱のような言葉と堅く結びついた舞踏の芯に、こういう「子供」が現前していたことは、意外に思える。しかしすでにこの「子供」が発見していた舞踏がなければ、暗黒舞踏の内実もありえなかった。子供の暗黒舞踏、これが舞踏の究極の目標だった。

Paris　パリ

「こうして人々は生きるためにこの都会へ集まって来るのだが、僕にはそれがここで死ぬためのように思われる」。十代に読んだリルケの『マルテの手記』（望月市恵訳）に描かれたパリの印象は、長らく尾を引いている。そこにはただ死臭の漂う陰鬱な都市のイメージが刻まれていたわけではない。「僕には見る目ができかけている。自分でもどういうのかよくわからないが、すべてが今までよりも心の深みに入りこみ、いつもとどまる場所よりも奥に入る。今日まで自分でも知らなかった心の隅があって、今はなにもかもがそこまで入りこんで行くのだ。その隅でどんな事が起こるのかは知らない」。パリにやってきた、ある青年にそのような体験が訪れる。他の町でも、世界のどこでも、そういう体験をすることはありえただろう。にもかかわらず、この都市こそが、ここだけが、そういう体験を可能にした。街路には「ヨードフォルムと揚げた馬鈴薯の油と不安の臭い」が漂う。窓を開けて眠っていると、部屋の中を電車や自動車の騒音がかけぬける。どこかからドアの音、ガラスの割れる音、娘の甲高い声が聞こえ、やがて犬が鳴き、鶏さえ鳴く。パリで鶏の声が聞こえるなんて？　一世紀前のことだ。

その町で約六年半、留学生時代をすごした。「なつかしい」というような言葉はうかんでこない。思い出すことのひとつひとつが、そのまま持続していて、過ぎてしまったという感覚がない。体験に執着し、固着しているということではない。忘れていることも多い。あれからずいぶん老いている。パリも私もすっかり変わってしまった。しかし、何一つ変わっていないし、私は少しも成長していない。愚かなことは同じで、いつも同じところを堂々巡りしているではないか。

フランス語はいつまでたっても外国語だった。コミュニケーションに不自由するというより、ひとつひとつのやりとりが、かろうじて成立するコミュニケーションと感じられ、決して透明さが得られなかった。透明なコミュニケーションなど、むしろ過剰な演技と感じられた。言葉との関係はいつも揺れていた。肉体と欲望を、上手に言葉でくるむことができなかった。無防備な生き方になったのは、決して言葉のせいだけではない。言葉の安定にしっかりつながった習慣や常識が見えなくなっていたということでもある。守るべきものがあったのに、自分自身も含めて、いったい守ることが何か、わからなくなっていた。

私生活上に起きたこと、エロス、誘惑、迷い、破局などのことを、書かなければ、伝わらないことがあるにちがいない。そんなふうに書こうとしたこともあるが、うまくいったためしがない。誰にでも起きうることで、とりたてて書くようなことではない、という冷笑的な思いがすぐにやってくる。誰にでも起きうることを書くこと以外に、何一つ書くべきことなどあるはずもないじゃないか、と反論する自分もいる。それにしても赤裸々に書いたものを読者の前にさらすことで、誰かを傷つけてしまうことがありうる。それなら体験をそっくりフィクションの時空に移し変えればいいだろうか。しかし、そういう能力はない。そもそもフィクションとは、ただ体験を仮装するためのものではない。ある種の探求や想像力が、おのずからフィクションの時空に実現の道を求めるはずだ。

思想や批評の仕事に多くの時間を費やしてきたが、文章の中に、体験に根ざしたものが何もないとすれば、それが生き生きしたものであるはずがない。文章とは、神経の秤のようなものだと思ってきた。思考の言葉は、まったく抽象的に見えるときも、心身の揺れとともにある。揺れていないときは、わざわざ揺れを排除しているのだと思いたい。哲学者たちの思考は、しばしば強固に武装されていて、心身の揺れに対して鈍感である。もしそれが哲学の前提条件であるなら、私にとって哲学よりも、はるかに重要なものがあるというしかない。

感情、肉体、エロスの次元を、たとえばルソーのように赤裸々に表した哲学があり、赤裸々にすることが哲学的、社会的意味をもったという例がある。私的次元と公的次元は、あらかじめ分割されているわけではない。欲望も情念も私的次元に属するとしても、それなくしては、公的次元も内容を欠くことになる。公的次元とは、政治、経済、教育そして道徳といったことになるだろうか。いや何よりもまず公的次元とは、言語のことであり、言語に支えられているのではないか。パリをさまよう外国人であり、半分しかフランス語がわからなかった私に、公的次元など存在しなかった。

「僕はパリに来ている。それを聞くとだれもが喜んでくれて、ほとんど十人が十人までそれをうらやましがる。それはうなずける。パリは大きな都会で、広くて、不思議な誘惑にみちているから。僕だけについて言うと、僕はパリの誘惑にある意味で負けてしまったというほかはない。そうとでも言うほかに言いようはないと思う。僕はパリの誘惑に負けた。これは僕の性格までを変えなくても、僕の世界観、いずれにしても僕の生活に変化をもたらすようなことになった。この変化のためにすべてのことについて今までとは全くちがう考え方が生まれ、今までのどんな考え方よりも僕を人間から引き離す相違が生じた。今までとはちがう世界。新しい解釈にみちた生活である」。リルケの作り出したこの若き無名の詩人は、いったいどんな「誘惑」について語っているのか。「手記」に記されているパリとは、もっぱら若い異邦人の目に映った道行く人々の、孤独な貧しい人々の群像にすぎない。「誘惑」とは、たとえばありふれた「色恋」にすぎなかったかもしれない。しかし「誘惑」はそれと同時に、何か抽象的な次元での「誘惑」であった。魂を誘い、惑わし、戦《おのの》かせるものは、ただ官能的次元のこととはかぎらない。十代のとき読んだこの作品の「誘惑」は、意外に魂の深いところに浸透して、やがて現実に住むことになる都市の奇妙な特徴まで、私の心身にあらかじめ刻みこんでいたらしい。

パリの大学に属して、感銘を受けたある哲学者の（実に誘惑的な）講義を聴講し続け、論文を準備するということをのぞけば、そのときの私にはまったく私的な空間しかなかった。私的である（privé）とは、奪われてあることであり、それは公的次元を奪われているということでもある。異邦人であることで、すでにその国の公共的生活から締め出されている。そうでなくても私的な次元は、しばしば公的な次元から分離され排除されている。しかし、たとえ公的次元の生活を大きな価値とみなすとしても、私的次元の集合がまさに公的次元を形成するのだ。個々人の肉体と生、日々の知覚、感情、欲望、思考がないとすれば、公的なものも実質を欠いてしまう。

そこであえて考えてみる。最終的な問題とは、私的なものにかかわるのではないか。理性にも、規範、規則にもかかわらない私的次元にかかわるのではないか。それはありふれた問題にすぎないとしても、ありふれたところにしか、ほんとうの問題はない。私的なものと公的なものとは、分離されてはならない。しかし決して混同されてもならないのだ。混同が起きたら、私的なものも公的なものも、等しくそこなわれてしまう。パリを離れてずいぶん時間がたってから、パリでの生活の印象を断片的に記したノートをもとに、一冊の詩的な本を編んでみたことがある（『日付のない断片から』）。それはむしろあの時代と場所の記憶を濾過し、別の次元に移すことによって埋葬するような作業だったかもしれない。

「僕はきみのことを書くのはやめよう」。「書くのは真実をゆがめるからである」。リルケにならって決して書くことができないことがあると、あっさり認めてしまうべきだろうか。

「身近な生活の真相を知ろうとする者は、その疎外された姿を見極めなければならない、言い換えるなら、個人生活をその隠微な襞にいたるまで規定しているさまざまの客観的な力を探究しなければならない」（アドルノ『ミニマ・モラリア』三光長治訳）。この言葉に奇妙な衝撃を受けたことがある。

パリで暮らしながら、私はさまざまな種類の力に目覚めていった。力の多くは暴力であった。生き生きした力、無遠慮な力、破壊的な生と性の力があり、抑圧する力もむき出しなら、それを跳ね返そうとする力もむき出しになる。私はそういう力の空間に巻き込まれていた。「個人生活をその隠微な襞にいたるまで規定しているさまざまの客観的な力」に、しばしば翻弄されていたにちがいないが、そういう「隠微な力」をめぐって、つねに落ち着くことなく野蛮に反応していたようだ。同時にいつも卑屈、卑怯の意識につきまとわれていた。自分の戦いも、もがきも、自由も、まったく中途半端なものでしかないと感じられたからだ。

日本と日本語の外に出たことで、確かに何かが始まった。パリは、いかにも洗練された美学的、知性的な都会などではなく、さまざまな種類の力がむき出しになってせめぎあう場所だった。その地の言葉を身につけることが重要な目標であったはずなのに、言葉の外で働くあからさまな力のほうに、まず目覚めることになった。そこでは言葉自体が、力と力関係の表現であった。

身につかない不安定な外国語の中で、漂いながら模索した思想は、あくまで私的な体験のレベルを浮き沈みしていた。詩的な言葉、物語的な言葉、哲学的な言葉の間を右往左往した。公的であり普遍的であるような思想はうとましかったが、文学になりうるような濃密な親しい言葉をもつことができなかった。決して錯乱してはいなかったが、私というものがかなり壊れていたらしい。

旅することは、公的なものを介さずに、私の魂と肉とが、じかに世界にむきあう機会でありうる。もちろん他の土地や都市も、そういう場所でありうる。しかし、そういう旅人たちの出会う場末の集まりの大集合が、私にとってパリであった。

パリ（1970 年代後半、留学生時代、撮影者不明）

Qui 誰？

ある人物の名前、職業、経歴を知る。好感をもてるか、もてないか。自分との利害関係。魅力があるか、面白いか、快適か、有害か、無害か、いっしょにすることがあるか。そういうことを即座に、または徐々に見分ける。誰もが日々していることである。しかしおよそ知らない人に出会わず、あえて誰かに誰と問う必要もない……今では少ないとしても、生涯そういう生活に終始する人々もいる。

知っているつもりが、わからなくなってしまう人もある。いったいあなたは誰なの？　パスポート、身分証明書に記載された事項で答えられる誰？　何も言わなくても、あなたが誰かわかっている。いったい何がわかったのだ。誰という問いに、じつは終着点などない。ないからこそ、国籍、生地、年齢、職業、所属などのデータですましてしまう。その先に、一個の人格を、そして身体を、存在を定義する事項は無限にあり、当人にとってさえも未知の部分が多いからである。

この世界にたったひとりしか存在しない人物が、確かに唯一であることを、どんなに言葉を尽くしても定義することはできない。同じ国籍、生地、生年月日、職業の人間など何人もいる。

誰という問いは、たったひとりを前提としているが、たったひとりを確かめる言葉はない。たった一匹のゴキブリにも同じことがいえるのに、そのゴキブリが誰と問われることはない。人間の尊厳、ゴキブリの尊厳、尊厳という言葉。

たとえばクリスティーナ・オルソンとは誰だったのか。とりたてて何もしなかった。アメリカのメイン州にある海辺の丘にある家で生涯をおくった。幼少の頃の病のせいで、手足が不自由だった。生涯結婚せず、同じく独身だった弟のアルヴァロと同じ家で一生をすごした。彼らの主な生業は、ブルーベリーの栽培だった。

日本でもわりとよく知られているアメリカの画家アンドリュー・ワイエスは、ほぼ三十年間にわたって、この姉弟の家を訪れ、二人をモデルに描き続け、とりわけ「クリスティーナの世界」と題されるテンペラ画として結晶する連作を残した。

クリスティーナは手足に障害を抱えながら、腕の力で家の近辺を自力で移動し、たいていの家事も自分でこなした。美しい草原に囲まれた丘の上の家をのぞむ彼女の、あの後姿の絵は、腕の力で草の上をゆっくり這っていく姿を定着したものだった。

クリスティーナについては、ワイエスの妻ベッツィの書き記したわずかなエピソードが残っている。たとえばクリスティーナがベッツィに書き送った手紙がある。「あなたの贈り物が無事に届きました。かわいい服です。私はずっとピンク色が好きだったのです。私がもらった別のものを、そのうちお見せします。それは消防車のような真紅とダーク・グリーンの服です。

想像してみてください。私はそんなのを今までに一度だって見たことはありません。あえてそれを着るかどうか、私には分かりません。みんなは今以上に、私を怪物みたいに思うかもしれません。私にはそんな気がします」（難波英夫訳）。

めっきり老いるまで切ったことのないクリスティーナの腰まで伸びた髪は、もつれて何とかしなければならない状態になっていた。プライドの高い彼女にむかって、どう言い出したものか。しかしベッツィが「それをやめてしまってはどう？」というだけでよかったのである。クリスティーナは翌日の朝、ベッツィに髪を切ってもらう。当惑した弟のアルヴァロはどこかに消えてしまう。しかし戻ってきて言うのだ。

「何たって短い髪が一番だと思っていたんだ」。隣に住んでいたもの静かな老人が戸口に現れ、クリスティーナを見るなり、うやうやしくおじきをした。「クリスティーナが赤くなったのを見たのは、そのときが初めてでした」。

丘の上にひっそり立った家に訪ねてくる人はわずかだった。「台所のドアが開いているときは、クリスティーナが窓のそばに座って、訪ねてくる人たちを迎える準備ができていることを意味していました。ドアを閉じているときは、アンドリュー・ワイエス以外の誰も歓迎されなかったのです」。それでも、あえて入ってくる闖入者があった。ワイエスの絵に描かれて有名になったクリスティーナにサインを求めにきたのである。

おそらく世界には無数のクリスティーナが存在した。彼女は、いつもゆっくり動きながら、とりわけ世界を見つめることに、多くの時間を費やした。記憶力がよく、物語も上手だった。

ワイエスは、クリスティーナとアルヴァロの住む家で、二人があいついで亡くなるまで二十七年間、毎夏、絵を描き続けた。二人の人物と同じくらい、彼らの住む家がワイエスにとって重要だった。その家と姉弟とは完全に一体化していた。姉弟の死後にも、画家は住む人のなくなった家を描き続けている。また「アルヴァロとクリスティーナ」と題して、台所の傷んだドア、道具類、かつてはブルーベリーが山盛りになっていた入れ物、クリスティーナのエプロンなどを描いている。

まるで絵画の歴史など知らないように、ワイエスはただ写実に徹した。時間を止めてしまいたかったかのように。いやむしろたえず小刻みに震える時間の真只中に入っていこうとするように。

クリスティーナのいる家で描いた最後の年の作品は「続き部屋」と題され、二つの部屋が描かれている。手前の部屋には、乱雑におかれた道具類の影が逆光の中に浮かんでいる。窓の光で照らされた道具類や、傷みきった壁板には長い時間の痕跡が震えている。クリスティーナは、半開きになったドアの奥の椅子に座っている。椅子の下に黒い猫の姿があってこちらを見つめている。少し不気味な、不吉な感じもある。それぞれの物と生命が、大きな古びた家の空間にほとんど溶けそうになっている。

同じ家の中の屋根窓のある部屋でワイエスは「海からの風」という絵を着想する。おそらく長い間、外気の入ったことがない部屋の窓を開いた。半透明なレースのカーテンがはためく。外には背後に森のある野原が広がる。明るくも暗くもない不思議な表情の絵である。はためくカーテンの模様が、風景をほとんど抽象的に、時空の外に浮かび上がらせる。この画家が精密に、具象的に描いた対象は、別の時空を漂いだす。

「火打石」と題された山の斜面の巨大な石は、どこにも位置せず、人間のいない時間の中に落ちてきた隕石の印象を与える。クリスティーナの家の中の、ワイエスの自画像はほとんど幽霊的である。画家はその家で、まさに汚れた鏡の中に、未知の他人のように立っている男を見て、それを描いたのである。

アメリカには、アメリカ以前の悠久の時間がまだ流れ続けている。そういう時間を前にして、すでにアメリカは風化している。そういう法外な時間を表出したワイエスの絵は、古典的な具象をはるかに突き抜けて、絵の不動性を、何か別の地質学的な運動を表出するような装置にしている。

これほどまでに目に見えるもののイメージを強固に磨きあげたワイエスの絵のなかに、長い間私は入っていけなかった。むしろイメージの隈や襞の震えのなかに入り込み、見えないものに触れようとするような絵に（ボナール、ジャコメッティ、モランディ……）私は執着してきたはずである。そのワイエスが、やはり繰り返し描き続けた自分の生地ペンシルヴァニア州の隣人カール・カーナーの実に奇妙な絵がある。丘の上に老いた男が横たわっている。その体は白い砂か雪のようなもので薄く覆われて、両手と足だけが生々しくのぞいている。男は眠っているのか、それとも死んでいるのか、わからない。あるとき病気で休んでいるカーナーを見舞ったワイエスを前にして、カーナーは突然、戦争で敵を銃撃したときのことを思い出し、その瞬間に立ち戻ってしまった。そのことが、この絵のヒントになっている。「この男には時間がない This man is timeless.」。丘の斜面の男は溶けかけている。いや時間が溶けている。その溶けるもののイメージは、異様に硬くて、人間的時間のスケールを越えている。

ヴァージニア・ウルフ、『灯台へ』。物語の要であるように見えたラムジー夫人が逝ってしまったあとの第二部の主人公とは、誰もいない家であり、風であり、ただそこに流れる時間である。「客間、食堂、階段では、なにひとつそよとも動かない。ただ、錆びついた蝶番や潮気で湿って膨らんだ木材のすきまから、風の本隊とはぐれたかのような微風が（なんといっても相当のぼろ家である）家の角をまわりこみ、大胆にも室内に入りこんできた。そのすきま風が客間に入りながらあれこれと思案し、剥がれかけてひらひらした壁紙を弄びながら、この壁紙はいつまでもつだろう、いつ剥がれ落ちるだろう、と考えるさまが思い浮かぶようだ。一陣の風が壁をなめらかに撫でながら、想いめぐらすように行きすぎるさまは、まるで壁紙の赤と黄のバラ模様に対して、おまえたちはじきに色褪せていくつもりかと尋ね、破かれごみ箱に捨てられた手紙に、花に、本に、風がやすやすと手を触れるものすべてに問いかける（ただし、おっとりと。風の自由に使える時間は充分ある）かのようだった」（鴻巣友季子訳）。

そこに生きた人々の記憶が、風と時間に透過され、散乱する。あのワイエスの絵も、そういう時間そのものの肖像であったかもしれない。

残された人々が、やがて同じ家にもどってくる。子供たちがいつも心待ちにしていた灯台にむかう帆船が、いま順調に風に運ばれていく。その船の行方を気にしながら家に残っているのは一家の友人だった男と女で、老いた男は詩人で、女は絵を描いている。船が灯台に着くときが、まさに何かが達成されるときである。「われわれは滅びぬ。おのおの独りにて」という思いと「ついに着きぬ。われ、発見せり」という別の思いがひとつになり、画家が「わたしは自分のヴィジョンをつかんだわ」とささやくときである。そのとき灯台と家のあいだの距離は、まったく計りがたいほど遠くに、そしてすぐ近くに伸縮し、それぞれの生を訪れる時間が微粒子となって散乱する。

ウルフの記したこの達成、散乱、伸縮は、『波』という作品で、さらに加速された。「森は消えてしまった。大地は影の広野だった。冬の景色の静けさを破る物音一つしなかった。牡鶏も鳴かず、煙一筋立ちのぼらず、走る列車とてなかった。自我をなくした男。冷静な絶望と完全な幻滅の気持で、埃が舞い上がるのを見つめた。わたしの人生、友人たちの人生、箒を持った男や書きものをしている女などの、信じられない数々の存在、川べりの柳の木——塵でできた雲や幻、しぼんではふくらみ、金色や赤色に変わり、頂をくずしては、あちらこちらに、変わりやすく、いたずらに、大きくうねる雲のように変化する、塵からなるもの」。「いまはどうやって進んでいけるのだろう、自我を失くし、重みもなく、幻想もなしに、重みのない、幻想のない世界を？」

確かにワイエスの不動の大地（クリスティーナの世界）とウルフの波、塵の世界とは、異なるものではない。大地も、海も、レースのカーテンのように小刻みに波打っている。人間や自我という幻想はない。家もまた人間と等しい。逆に人間よりはるかに重い岩石さえも、幻を見て震えている。

Regret　後悔

他者にむかう恨み（ルサンティマン）が憎しみであるなら、自己にむかう恨みは「後悔」ということになる。それはまた時間をめぐる恨みでもある。

「後悔などしない」、「後悔は無意味」とあっさり言ってのけられる勢いのある青年であったこともある。むしろルサンティマンを斥けることにひどくこだわった。しかしそんなふうにこだわることが、すでにルサンティマンである。後悔などしないという青年も、実は後悔が何か知っていて、少しは後悔しながらあえて後悔を斥けていたのだ。

後悔は単にルサンティマンではなく、反省であり、思考の一形態であると考えてみよう。いったいなぜあんなへまなことをしでかしたのか。よく分析し、省察してみよう。次にはもう少しましな選択ができるように。そういう後悔ならば、一見理知的に見えるけれど、後悔はそもそも理知的な働きではない。

時間をさかのぼり、別の選択も、別の人生も可能だったと思うことができる。同時にいくつかの人生を生きることだって、できないわけではないだろう。AがBを殺す。BがAを殺す。二人とも死ぬ。二人ともなかよくやっている。そういうことが同時に可能な奇妙な世界を構想し、それをまことしやかに書いたのは、あのボルヘスである。私の生きえた、いくつもの可能世界を考えてみる。それは無数にある。そのうえ私など存在しない可能世界もあるのだ。「生まれてこなかったら」。「虫に生まれていたら」。

後悔なんかしているヒマはないぞ、と自分に言い聞かせていた青年も、次々小さな後悔を備蓄していたのである。「降り積もった枯葉　追憶も後悔も　北風が忘却の冷たい夜の中にさらっていく」（ジャック・プレヴェール「枯葉」）後悔は音楽となる。後悔の繰り返し、リフレイン。可能世界は追悼され埋葬される。後悔が音楽になるとき、ただ可能世界の観念が、音楽の感情に溶けてしまったのではない。その観念は音楽の中に凝固してしまった。

確かに後悔は時間の構造とともにある。時間は不可逆にちがいないのに、人は少しだけそれを可逆的と妄想し、観照する。時間は二方向に流れ出して分岐し、分岐したところで停滞する。後悔を続ける人間は、そういうふうに停滞し縺れる時間を重ねていくことになる。

「回想記」を書いたあのカサノヴァは、もはやあの稀代の「色事師」であり、諸学に通じ、魔法や妖術にたけ、フリーメイソンの重鎮であり、スパイや外交官の役割さえ果たした華々しい人物ではない。カサノヴァに比べると、ドン・ファンは回想記など書かなかった。「ドン・ファンは、理念、すなわち生になる力か――あるいは個人か、の二つの可能性のあいだのたえまのない浮動状態のなかにある。しかしこの浮動状態は音楽的な振動である。海が荒波を岸に打寄せると、この激動のなかで泡立つ波がさまざまの生き物のような形を生み出す。そして、まるでこの生き物こそ波を動かしているもののように見えるが、実は逆にそれらを生み出すのが波の動きなのである」（キェルケゴール『あれかこれか』第一部上、浅井真男訳）。デンマークの哲学者が、モーツァルトのオペラ『ドン・ジョヴァンニ』に見たのは、こんなドン・ファンで、音楽の本質そのものと合体したドン・ファン像だったのである。

ドン・ジョヴァンニは、自分が誘惑しようとした娘の父（騎士長）を殺し、やがてその父の動く石像になった幽霊によって地獄に落とされる。ところが、あのフェリーニの映画『カサノヴァ』で、最後の日々にカサノヴァを訪れるのは、貴婦人の姿をした自動人形なのだ。オルゴールのリフレインとともに、唐突なしぐさで不連続に動くその人形が、体をのけぞるようにして踊るのに、老いたカサノヴァは、うやうやしく調子をあわせ、やがてその人形と交わるのである。無数の女性遍歴を重ねたカサノヴァは、バイセクシャルでもあり、女性との間に友愛的な、対等の関係をもったという一面もある。道徳の侵犯と罪悪性という葛藤の構図がつきまとうドン・ファン像に比べて対照的といえる。しかしフェリーニの『カサノヴァ』の主人公は、最後にほとんど性愛の次元から脱落して、まさに機械のように、何かにつき動かされるようにして性行為に耽るのである。快楽はほとんどいつも女性の側にある。そして最後に、カサノヴァの性的追求は、純粋に、機械が相手の機械的反復となって完成されるかのようである。

これは「後悔」のテーマとはあまり関係がないようだが、「後悔」として結晶する時間の結ぼれのかたちがある。同じ後悔を繰り返すにせよ、繰り返さないにせよ、後悔とは、実現しなかった可能世界を反復することである。後悔とは、それ自体がある種のリフレインのようなものである。「あのとき、ああすれば」、「あのとき、ああだったら」……。それが実現していたら今の自己はない、その自己が理不尽に別の過去を求めている。その繰り返しが、自己である。反省するのでもなく、怒るのでもなく、悲しむのでもなく、憎むのでもなく、（自己）批判するのでもなく、懺悔するのでもなく、後悔する。後悔することしかできない。『ドン・ジョヴァンニ』の「激動のなかで泡立つ波」ではなく、心の中で、ただ時間の漣が重なり、泡立ち、滞ってはほどける。死者がよみがえる。機械たちが踊る。

後悔すること、内向きに記憶と時間の襞を折ること。精神とは、そのような襞のまた襞の集積である。しかし内省的な襞を、ときには裏返しにしなければならない。思想も、宗教も、あるいは政治でさえも、そのような襞とともにあり、精神は幾重にも襞にくるまれて、それを突き破ることなど、あらかじめ禁じられているかのようなのだ。内に向けて襞を折るかわりに、むしろ外に向けて襞を折ることはできないか。内向きに折られた襞のそれぞれを、外に向け、世界のカオスに触れながら、瘡蓋《かさぶた》のように結晶する傷（開口部）として反転させなければならないのだろう。後悔を告白するという教会の制度は、なんと巧妙な排泄のからくりなのだろう。しかし後悔の襞が、「客観的な力」を前に開かれるなら、それはただ襞にとどまらず、何か結晶のようなものになる。結晶は振動する。そこには振動そのものの結晶がある。

Sourire　微笑

朝目覚めたときよりも、昼下がりに少し寝過ごしたときなど、もうろうとして、いまどこにいるのか、いつなのか、わからないときがある。自分がどこの誰かも一瞬わからなくなっている。

この夏約一月半、私にしては、南半球への旅も含めて、かなりすさまじい移動を繰り返したことになる。リスボンの中心街のはずれにあって、アルファーマというアラビア語の地名の残る迷宮のような丘陵地帯のふもとにある建物で約十日間過ごした。いつの時代のものとも知れない建物の壁のいたるところが崩れ、丘の斜面に入り組んだ街路も階段も建物もジグソーパズルのようにつながっている。家の中は何とか現代的設備が整っているようだが、外側はしばしばつぎはぎだらけの廃墟の印象である。アラビア伝来のモザイク模様がいたるところに見られる。夕方になると、ひなびた歌声が響いてくるのは、建物の裏のすぐ横にファドを聞かせる戸外のレストランがあったからだ。部屋は建物の六階にあるが、家の表からも裏からも、始終ポルトガル語のお喋りが響いてくる。建物の正面には、とても河とは思えない広大なテージョ河が紺碧に輝く水面を広げ、そこをしばしば大きな帆船がゆったりと航行していく。

一度は、あのリスボンの詩人フェルナンド・ペソアの幻影を追いかけて、この町を訪れ、とにかく闇雲に歩き続けたことがある。こんど真夏のリスボンには観光に行ったのではなく、いまだよく正体のつかめない〈運動研究センター〉という団体が開催するフェスティヴァルとセミナーに参加して、この数年考えたことをかいつまんで話すことになった。フェスティヴァルのテーマは、リスボンの一角にあって「ふつうの市民」がほとんど立ち入ることのないスラム街にコミュニケーションを生み出すということであった。麻薬中毒者であったり娼婦であったりする住民たちと共生しながら、ダンスやパフォーマンスを組み立てることが、その主な内容であった。極東から突然そのような場所に降り立った異人にとって、すんなりその内容には入り難く、その趣旨も前もって説明されていなかった。いっしょに参加したのは、ブラジルの私の友人たちで、前もって説明や情報を与えられないのは、いつものことなのだ。

たとえばそのスラム街に隣接する丘陵地帯をただ〈転がる〉というパフォーマンスがあった。例のジグソーパズル状の建物の間の斜面や階段を、細く伸びた蔦を思わせる体の、まだ少女の面影のある女性がゆるやかに転がり、少しだけダンスの身振りをしながら下っていくが、決してダンスが目的ではない。青いつなぎを着て、滑らかに転がって丘を下りながら、斜面や階段と親和し、あるいは空間を変質させることをめざしているようである。この行為を何べんも繰り返しているので、住民たちとはもう知り合いで話しかけてくる人もいる。すると動作を中断して、しばらくお喋りし、また再開する、下り終わるとまた歩いて上り、同じことを半日繰り返す。そういうパフォーマンスなのだ。その動きのイメージが、すっかり頭に焼き付いてしまった。半ば丘の時間に溶け込んでしまったそのしなやかな体が、その時間をさらに変質させて操る呪術のようなものになっていたのだ。

私はもうろうとしながら、あの娘にかわってリスボンの丘の狭い階段を転がり、うまくいかなくてそこにじっとうずくまり、ただ町の匂いをかいでいる。しかし、ここはいま冬なのにあまり寒くはない南半球の大都会のホテルの部屋であることを思い出す。サン・パウロの歩道はあいかわらず穴だらけで、補修が追いつかない。ここを転がろうとしても、いたるところで渋滞し、路上の穴に体がめりこんでしまうだけだろう。

シンポジウムのある文化センターは、「コンソラソン」という通りのわきにある。「慰め通り」というこの道は、三年前に気に入って何度もきたレストランの界隈にある。訪れた町の地図を手にいれて頭に刻みこむことにわりと執着するくせがあるのに、この都会の地図は不思議に頭におさまりにくい。それぞれの界隈がばらばらの点として、方々に漂い渦巻いている。

その都会のひろがりがほぼ一望できる新しいホテルのテラスにつれていかれた。日系の名高い建築家が設計したという船の形をしたビルディングは、扇形に果てしなく広がる摩天楼のこちら側の、森を隔てた暗い地域の中に浮かんでいる。そこから見える高層建築の光の渦は、巨大な幻のように見える。その一角に不気味に大きい満月がひとつ浮かんでいた。(旅の途中で読んだばかりの村上春樹の小説では、空に二つの月が浮かんでいたが。)冬なので、やはりちょっとは涼しいのである。果てしない光の渦を前にした薄暗いテラスで、私の友人ペーターとその息子と、私の妻といっしょに夕食した。ペーターは離婚してひとりで息子を育てているので、どこにでも息子を連れて行く。私たちはしばしば四人で、とりわけこの五歳の子供のためにトランプをしてすごした。リスボンでもずっと彼らといっしょで、子供を中心にいっしょに遊ぶことが目的の、不思議な共同体ができあがっていた。

そしてこの旅の間中、微笑を浮かべた、あるフランス人の姿が頭から離れなかった。

彼はいくつかの小説を書き、入念に自死を演出した末に死んでしまった。「この死者は噂話が大嫌いだった。そこでこう書き留めている。彼は死んだわけではない。そもそも生のさ中にあったことが一度もなかったからだ」。彼の書いたある小説の、最後の一文である。

そのベルナール・ラマルシュ＝ヴァデル（Bernard Lamarche-Vadel）は美術批評家であり、若いときには数冊の詩集も出版している。私はこの人に一九九二年パリで出会っている。軽やかな明るい性格の人ではなかった。フランス人にしては例外的な重々しさと憂鬱な雰囲気があったが、決して不快な冷たい人物ではない。注意深く耳を傾け、よく言葉を選んで慎重に喋った。彼のはじめての小説がもうまもなく出版されるはずで、その原稿のコピーを渡された。『獣医』というタイトルだった。ロラン・バルトの指導を受けて書いたアルトー論が彼の批評の出発点だったというので、話題は尽きなかった。フランスよりもむしろドイツが自分にとって第一の精神的祖国であり、第二の祖国は日本だと語った。日本でのピカソ展を企画したことがあったし、写真家田原桂一について、ほぼ完璧という印象を与える精緻なエセーを書いたこともある。

この夏、旅のあいまの基地にしていたパリの市立近代美術館で、ラマルシュ＝ヴァデルの美術批評を回顧し、彼が擁護した作品と、彼自身による写真のコレクションを見せる展覧会が開かれていた。主な美術論を収録した厚いカタログが作られていて、その中に彼自身のポートレートも数多くおさめられている。ネクタイを締めていることが多く、頑固なダンディの印象を与える。くつろぎ、ほころんだ顔はあまりない。憂鬱で内向的な表情は、いつも変わらない。しかし何度か出会った時の特別な微笑は、そこにも漂っている。

展覧会のカタログには、川端康成を冒頭に引用して「有終の美」（Finir en beauté）と題した文章がおさめられている。いくつかの文章を、私は少し悔恨とともに読んだ。彼が生きているとき、出会いの前後にこれを読んでおきたかったという悔いである。彼の脳裏にあったものに、もっと深く触れておきたかったという思いである。

確かに彼の文章が残されている。思考と感情が激しくせめぎあう、屈曲に満ちた犀利な文体である。そういう文体は、彼との対話の中でも感じられたし、読まされた小説の原稿にも強烈な印象を受け、そのことを伝えはした。しかしそういうエセーと思考において、いままさに出会っているものに出会っていなかった。「しょうがないさ」（Tant pis!）という声が聞こえる。じかに出会った静かな人物の、そういう激しい深みに出会わなかったのは、残念なことに思える。もちろん生きていることは、こんなすれちがいばかりだ。そして文章の中にかろうじて注ぎ込むことのできたそういう深みを、決して書き手は不用意に、外側に露出させたくはない。ベルナール・ラマルシュ=ヴァデルのあの微笑が、この夏ずっと脳裏から離れない。

その「有終の美」という文章で、彼は「ベネディクト会的パラノイア」という奇妙な概念を提案している。これは理論的にはたいしたことを意味しているわけではない、その「使用価値」とは、ただ主観的、情感的なものにすぎない、と断りながら彼は述べている。「ベネディクト会的」とは、もとの歴史的意味を離れて、「根気強い」とか「篤実な」といった意味で使われている。「ベネディクト会的パラノイアは、人生と日本によって、徐々に私にもたらされたものである」。「私の見た日本、そこの最も名高い作家たちや、このすぐれた帝国出身の友人たちのおかげで私の養分になってきた日本は、日々、多なるものについての不屈の意識を通じて、〈唯一のもの〉をめぐる儀式の崇高なる総合作用を成しとげている。禅寺の庭は典型的であり、そこでは掃き清められた砂の無数のうねりが、ある高度な対立と、またそれに劣らぬ崇高な相補性によって、配置された石に特性を与えており、僧侶は何時間でもそれをながめるのである。この国において、多様性とは、組織された驚くべき複雑さの賛歌であり、〈唯一なるもの〉に味方する破壊的な戦いの賛歌であり、この〈唯一なるもの〉という参照項は、可視であれ不可視であれ、散逸することの苦悩においても遍在するのだ。この多様性は、それが天皇であれ、支配的な磁力をもつ他の記号であれ、〈一なるもの〉の形態をめぐる求心的なエネルギーなのである」。

しばしば毒々しい攻撃的、冷笑的文章も書いたラマルシュ＝ヴァデルは、ここで決して皮肉を述べているのではない。また必ずしも日本人をパラノイア患者として扱っているのではない。日本人は彼にとって、性格としてパラノイアだとしても、ここにはかなり異様なパラノイア像が描かれている。もちろん彼は、本気でこれに共感しているのだ。「私はまた、歴史上の偉大なサムライから三島の想像力にいたるまで、実に法外な姿勢の中に自我をたえまなく投影することによってエゴを無限に拡張する叙情的意志を讃え、労働、時、現実的持続において、ベネディクト会的信仰を通じてすみやかに統御される時間と奇矯な状況を讃える」。日本人のそういう「ベネディクト会的パラノイア」を、彼は志すというのである。「生のかくも多様な局面と私自身の間で、果てしない肯定的な浸透によって、絶えず差異が減少するように、私は足し算し、肯定し、掛け算し、許容したいのである」。

かなり繊細な思考と感性をもつ西洋の人でさえも、アジアを外からながめるときには伝染してしまう〈エキゾティスム〉に、彼もまた陥っていることを否定しようと思わない。それに彼のこの短い〈日本論〉が、彼の文学や批評の最良の部分だというわけでもない。もし多様なものを多様なまま強固に統一することが日本的特性だと言うのなら、それは少々理知的すぎる解釈にも見えるけれど、ラマルシュ＝ヴァデルの本意は、むしろその〈統一と多様の関係〉が、彼にとってかなり特異なものに映るという点にあるのだろう。彼は西洋の合理性や体系性のもつ権力と、そこに含まれる瞞着を心から嫌悪したように思う。美術批評家であった彼にとって、西洋の現代美術も、そのような権力と欺瞞と、無縁であったはずはない。しかしこの批評家にとって、おそらく美術の創造は、少し西洋における異邦のようなものだった。「ひとつの展覧会とは、それが展示するものよりも、それが防護する城塞によって驚異的であると私には思える」と彼は書いている。作品に現れるものよりも、隠されたものに注目する、といいたいのである。

彼のこの文章は、「有終の美」と題される、ある展覧会のカタログによせられるはずだった。しかし、それはとりわけ日本をモデルとする「ベネディクト会的パラノイア」についての考察に割かれ、当の展覧会に出品するアーチストや、彼が敬愛してきたアーチスト、あるいはセリーヌのような作家、はてはモーツァルトそしてイヴ・クライン、ザ・クラッシュのアルバム『サンディニスタ！』にまで、この「パラノイア」は伝染していくのである。

やがてラマルシュ＝ヴァデルは、老人こそは「母性的なベネディクト会修道士である」と主張して、はじめ日本に見出したパラノイアが、こんどは老人の特性となっている。

なぜか。「老人たちは、彼ら自身と、彼らが待望し、しばしば絶望し、あるいは微笑する情況との間に、散逸した、そして非常に濃密な、よく究められた布地を編み上げる。この布地は、感覚的な諸関係からなるものだ。こうして彼らは、ますます不確かになる彼らの生存の境にむかって、たえず困難と不安のうちに接近することができるのである」。ここに描かれているのは、なんという存在のアートだろう。でも、これはじつに多くの人びとが、〈老い〉とともに実践していることではないか。

それにしても五十の齢を迎える前に自殺したラマルシュ＝ヴァデルは、決して平穏な「ベネディクト会修道士」として生涯を終えることなどできなかった。同時代のフランスに根深く刻まれているナチ協力体制の歴史的記憶を彼は呪詛し、ある画家の個展カタログには、ほとんどそのことだけに触れる政治的テクストを書いた。「彼らは歴史について嘘をつき、われわれの身体について嘘をついてきた」。「われわれの身体は、ただ抽象のハイウェイに蝕まれているにすぎない」。

この夏私は、リスボンで、パリで、サン・パウロで、自分の国と同時代に対する彼の呪詛を、辛辣にして甘美な「ベネディクト会的パラノイア」の美学を、彼の微笑とともにずっと思い浮かべていた。彼の文学も批評も、決して退行的な早老趣味であるどころではない。彼は野心的で鋭利な前衛でもあった。ところが小説を書き始めた彼に、もう美術批評はやめてしまうのかと尋ねたら、「フランスには尊重すべき美術批評の伝統があり、それを簡単に捨てることはできない」とじつに慇懃に答えるのだった。入念に準備された自死を決行する前の時期は、重い鬱状態にあって入院していたらしい。

しかしその死は、決して脅迫的な性質のものではなく、なぜ生き続けるのかと私たちに詰問するものではない。いったい何が、なぜ生き難いのか、まったく明敏に見通した末のこのような死は、脅しでも慰めでもなく、ただ絶望的でもなく、究極の証言なのだ。確信はないが、彼の絶望を通じて、私たちはそれでもまだ希望することができるかもしれない。

「聖書の中の鳩のように僕は送られてきたのです。しかし緑を発見することができなかったので、暗い箱舟にもどっていきます」。カフカがミレナに宛てて書いた手紙の一節で、ラマルシュ＝ヴァデルが引用したものである。たとえ緑がないとしても外に飛び立ち、また暗い部屋にもどってくる。実はそういうことの繰り返しが文学であり芸術であるということに目覚めてしまったものの微笑は、もう絶望とも希望とも呼べない。それはただ微笑であり、それを忘れることはできない。

Bernard Lamarche-Vadel
（田原桂一撮影）

Tonnerre　雷鳴

夢の中で、狂犬のように怒り、どなっていることがある。あるいはどなられていることもある。とめどなく、怒り、怒られる。そういう怒りの種にすぐ思いあたるふしはないとしても、種は皆無ではない。毎日、別に誰かの悪意によるのでなくても、理不尽な圧力や影響はたえず押し寄せてくる。毎日が、それらに対して怒らず、心を乱されないための訓練のようなものだ。そして自分の挙動も、そういう影響と慣れあい、しかも決して慣れあえないところで振動している。

怒りだけでなく、恐ろしい破局的出来事も、夢の主題である。飛行機事故など、しょっちゅうなのだ。自分が乗っていることもあり、すぐ目の前に落ちてくることもある。大洪水がやってくることもある。すべてを焼き尽くす炎。崩壊や爆発のあいまを、漫画の主人公のように切り抜けていくこともある。そのときのおびえや興奮は、怒りの夢に似ている。これは単に夢にかかわることではなく、脳の中ではつねにそういう振幅のドラマが起きていて、それが必要でさえもあるらしい。実はそれほどの神経の揺れが、生きているという状態そのもので、心身の静かな状態とは、そういう揺れの間に何とか平衡状態を見出していることにすぎないのだろう。

幼い頃、まわりにいた昔の大人たちは、しょっちゅう怒っていたように思う。今ではもう親父たちは、地震、雷のようには怒らない。しかし日本人のあの微笑は、列島全体が火山のうえにあるせいだ、とジャン・ジュネは書いたことがある。

「残酷演劇」をとなえたアルトーという人物に、もう長い間とりつかれている。いったい何が残酷だったのか。なぜ残酷が切実な主題になるのか。どうして演劇は残酷でなければならないのか。

洪水、地震、落雷、飢饉をもたらす自然の力と動揺から、なんとか隔離された人為、人工の平和は、もちろん好ましいものにちがいない。しかしそのような人類史の成果が、この社会の内側に、いっそう奇妙な暴力や災厄を生み続けている。そもそも人間の世界に属する暴力や災厄さえも、自然の暴力や災厄とまったく連続的で、なんら異なるところはない……。そういう黒いアイロニーをフランス革命に浴びせかけたのは、あのサド侯爵である。

力はそもそも自然の力であり、生命の力であり、そのような力のうち、人間はあるものを排除し、あるものは受容し、誘導し、秩序化し、変形している。それは有形、無形のおびただしい闘争の過程でもあり、残酷すぎる闘争を抑制する制度を形成する過程でもあった。そういう制度の境界にあるかのような「悲劇」のテーマは、しばしば戦争、権力闘争、報われない死、近親相姦だったのである。「残酷演劇」は、現代の演劇に悲劇の残酷さをとりもどそうとした点で、かなり時代錯誤的試みだった。しかしアルトーにとって、錯誤や倒錯を犯しているのはむしろ現代であり、西洋であった。

現代に至る歴史の過程では、力を統御しようとする人間の制度のもとで、人間が作り上げた秩序の内部に、はからずも何か別の過剰な暴力が形成されて、人間同士を対立させ、孤立させてはいないだろうか。だからこそ、そもそも自然の力の表現でしかありえない人間の次元に形成された様々な力が、そして暴力が、どのような性質のものか、犀利に識別するという課題があるにちがいない。どんな社会的現象も、しばしば制度の言葉で、価値や道徳の用語で説明されてしまうので、この社会で生の力そのものが様々に成形され変形されている過程は、ますます見えなくなってしまうからである。

ひとつのつぶやき、呼吸の変化、抗う身ぶり、怒り、叫び、雷鳴、竜巻、雪崩、そういったものはすべて地続きであり、似ているのである。

言語学が言語の基本的な特性としている「恣意性」という、とてもやっかいで、興味のつきない問題がある。「火(ひ)」という語と、私たちが「熱い」と感じる火という現象が結びついたことに、説明しうる理由はなく、あくまで恣意的である。漢字のように文字自体が、現実の「火」という対象をなぞっている表意文字とともにある集団に、このことは意識されにくい。しかし「ひ」という音が、火を示すのに使われたのはあくまで恣意的である。もし恣意的でないとすれば、最初に「ひ」という音を選んだとき、何らかの理由があったことになる。そして理由はあったかもしれないのである。火というものの熱さ、そして揺らめく流動性などが、知覚に働きかけ、口腔にまで作用して、人はつい「ひ」というしかなく、それがいつのまに定着してしまったかもしれない。恣意的だけれど、まったく偶然とはいえない。現に fire（英語）、feu（仏語）、hariq（アラビア語）のように、火を現す音は「ひ」であったり「ふ」、「は」であったりするではないか。しかし言語学にとっては、そういうふうに起源を考え、理由を考えることはまったくやっかいだし、たとえば文法を考えるためには、そういうことはまったく無視してもいい。言語そのものが、おびただしい反復の中で、そういうふうに起源を忘れ、理由を斥ける運動とともにある。言語は、おびただしい記憶とともに、またとりわけ多くの忘却とともにある。こうして「恣意的」といえるところまで、抽象的な次元を獲得していなければ、それは言語と呼ばれない（これは互盛央の著作『フェルディナン・ド・ソシュール』に触発された考え）。

たとえば、どんな言語にもおびただしい罵倒の言葉が含まれる。残酷な戦いや力関係を分節する実に身体的な言葉がある。言葉とは抽象であり、すでに身体から隔てられたものにちがいないのに、いつでも言葉を発するのは身体であり、その身体をまったく抽象することはできない。少なくとも「残酷劇」において、身体と言葉を隔離する皮膜は破れなければならない。身体から言葉にわたって、様ざまな交錯、擬装、変形を経て、表出される力の果てしないヴァリエーションがある。「叫び」という言葉は、たとえそれをささやくときでも、そのなかに無数の叫びを内包し、まといつかせてきた。そこでいまも演劇の課題のひとつは、「叫び」の中の無数の叫びを発見するようにして「叫ぶ」方法を発見することである。

Unique　唯一

この世界にただひとつしかない（ユニークな）もの……たとえ木の葉にしても何一つ同じものはないのだから、まして木の葉よりもう少し複雑な人間は、誰ひとり同じではなく、ひとりひとりがユニークであるというしかない。それは、それだけで目くるめくような事実なのだ。ところがそういう単なる、驚くべき事実にただ落ち着くことができなくて、わざわざ自己を際立って他と異なるものとして意識し、あるいは異なるものに作り上げたい欲望につき動かされるひとがいる。一方では、まったく自己主張せず、あくまで自己を他と同じか、それ以下とみなし、まったくつましく生きようとすることも、多くの人びとの傾向でもあるのだ。しかも、ひとりの人物の中に、自己主張し、自己を滅却しようとする二つの傾向が共存し、その間で揺れていることも珍しくない。自己の生を、死にいたるまで、綿密に設計し、造形するような生き方もありうるし、あっていいのである。そして綿密にその自己を見つめようとすれば、自分のどんな一挙手一投足も、遠い過去から繰り返され、その過去から自分も生まれてきた以上、何一つ新奇なものも、唯一のものもない、と考えるようになる。

ユニークであることと、同じであり等しいこととは、そんなふうに交じり合って、いつのまにか反転する。あの人ほどユニークな人はいなかった、という印象は、その人の中にじつに多くの人物や生命が共存し、ひしめきあっていたという印象とともにある。

たとえばジャン・ジュネという人物のうちには、泥棒、非行少年、死刑囚、乞食、おかま、女中、母親、パレスチナ・ゲリラ、ブラックパンサー、ファシスト党員、やくざ、詩人、作家、劇作家、俳優、レンブラントやジャコメッティのような芸術家が同時に存在している。もはやそれは人格というようなものではない。「一つの物を孤立させ、そのなかにそれ独自の、唯一の意味を流れこませるこのような能力は、見るものが歴史を廃止することによってだけ可能になる。あらゆる歴史から身をはぎとるためには例外的な努力が必要である。見るものは永遠の現在のようなものになってはならず、ある過去からある未来に向けての、めくるめく、たえまない移行、極端から極端への休みない振動にならなくてはならない」（ジュネ『ジャコメッティのアトリエ』）。

つまりあるものの「唯一の意味」を発見するには、そういう厄介な操作をしなければならないということである。「歴史を廃止する」とはいかにも無謀な作為にみえるが、歴史の毒はそれほど強い。歴史を知らないかのようにふるまえばふるまうほど、私たちはいつの間にかその毒を注入されている。しかも歴史を離脱することは、もうどこにも安息の場所がなく、たえず未知のものに出会い、その間の揺らぎに身をゆだねることである。そんなことに誰でもが成功するとは限らないし、成功と失敗の見分けが簡単につくわけでもない。そういう次元に、何か身ぶりや、声や、イメージのようなものを発見できないか。そういう身ぶりや、声や、イメージは、唯一（ユニーク）であり、しかも同じことの反復である。

サン・パウロの日本人移民の集まる地区（リベルダージ、自由を意味する）をさまよってからホテルの部屋に帰り、ひとつの歌集を開く。「路地さむき一ふりの斧またぎとびわれにふたたび今日がはじまる」「外套のままのひる寝にあらわれて父よりほかの霊と思えず」（寺山修司）。この詩形は、まさに過去の叙情を反復しながら、そこに何か少しだけ生々しいものを注入しようとする。「冬怒濤汲まれてしずかなる水におのが胸もとうつされてゆく」。寺山の若い日の歌に、こんなに遠くで出会うとは……。

サン・パウロの友人ペーターは、その日、ときどき彼を息子と識別できなくなってきた母を見舞った。それでも彼に、もっとおいしいものを食べさせてあげたかったのに、もっと快適な家庭をつくってあげなければいけなかったのに、もっと財産を残してあげなければならなかったのに、と繰言ばかりいう母を、いちいち慰めるのがペーターの役目である。その母はハンガリーのユダヤ人で、親族の多くが収容所で死に、ブラジルまでたどり着いたということだけ私は聞かされている。その人の作という顔のない人物の彫刻がペーターの家においてあり、ただならぬ印象が残っている。「田園に母親捨ててきしことも血をふくごとき思ひ出ならず」。

（ペーター＝パル・ペルバールは二十才の頃イスラエルのキブツ〔共同農場〕に滞在したあと、フランスの大学で学び、ブランショやドゥルーズの思想に感化されて哲学者になった。サン・パウロの大学で哲学を教えながら、もう長いこと精神病院の患者たちと演劇活動を続けている。)

Eva Engelberg の彫刻
（ペーター・パル・ペルバール宅で著者撮影）

Vallée　谷

聖書の中の「谷」は、決して穏やかな場所ではない。「たとひわれ死のかげの谷をあゆむともをおそれじ」（第23篇）。「その力なんぢにありその心シオンの大路にあるものはさいはひなりかれらは涙の谷をすぐれども其処をおほくの泉あるところとなす」（第84篇）。「詩篇」の中の「谷」はこんなに不吉な試練の場所だし、「ヨブ記」には、「彼らは人々の中から追いだされ、盗びとを追うように、人々は彼らを追い呼ばわる。彼らは急流の谷間に住み、土の穴または岩の穴におり、潅木の中にいななき、いらくさの下に押し合う。」（第30章）とあって、谷は追放の地なのだ。

そしてマリアを讃えるキリスト教の聖歌では、「涙の谷」とは、ほとんど「この世」のことである。「われ深き淵より汝をよべり」という「詩篇」第130篇の言葉もそれに呼応する。「谷」と「淵」とは別のことを意味しているわけではない。

しかし「深き淵より」と書きつつ、なんて俺はバカなんだとつぶやいたのは『地獄の季節』のランボーなのだ。キリスト教徒でもない私が、なぜ「谷」と聞いて聖書の一節を思い浮かべるのか。ずいぶん前に、ランボー論を書こうとして、ランボーがあの本で、錯乱し、錯乱を演じ、キリストへの改心を演じ、結局は改心を拒否し、別の出口を見出すようになる激しい葛藤のドラマを、繰り返し読んだことも大きい。

ところで私の母の実家は、松江から宍道湖ぞいに西に行き、それから中国山地にむけて勾配を上っていったところの山村の谷間にある。日が燦燦とさしている記憶があまりない。家の向かい側の小高い丘には一家の墓地があり、そこにひっそりおかれた小さな漬け物石のような碑が、私と弟の間に生まれたもうひとりの死産された子の墓だと、あるとき知らされた。その家で、何人もの女たちが結核で若死にしている。アジアの海の藻屑となった軍人もいる。相撲が強くて、地元の怪力として通っていた。心中した人もいる。農作業中の事故で死んだ人もいる。しかし、そんな禍害《わざわい》に襲われ続けた一家など、昭和の日本にはちっとも珍しくなかったにちがいない。

子供の頃、休みのたびにやられたその谷間の農家には、牛や羊や鶏がいて、いつも動物や糞の臭いが漂い、夏は蝿がうなりながら飛び交っていた。草の間に潜む蝮、山中でときどき目にした雉のはっとするようにあでやかな色、遠来の客をもてなすために絞められ、逆さに吊られ斬首される鶏、秋に収穫される黄金色のとうもろこしの一粒一粒、だんだん腰のところで体が直角に曲がってきた酔っ払いの祖父。昔ある日見知らぬ女がその家を訪れ、あの人の子です、と子供をおいていった。そういう話もある人だった。

「涙の谷」は、そこにもあった。ふだんは地方の県庁所在地に暮らす子供の私には、そこは暗すぎて陰惨な場所と感じられてもいた。しかし十代後半になると、もう少し探検すべき奥行きのある場所と感じられるようになった。その家のある谷、淵、穴、窪み、そして森や渓流の地形が、平らな町のひろがりに比べて、未知の謎を秘めた場所に感じられだした。幼少の頃は訪れたことのない山中を、あてどもなくひとりでさまよい歩いた。

山があり谷がある。聖書の劇的な物語と思考も、そういう自然の地形の変異や繰り返しとともにあったことに、いまさら気づくのだ。高い山に上りつめる機会は稀少であり、むしろ暗い谷を涙に暮れてさまよい歩く。山と谷を往復する間に精神に穿たれる亀裂の中で、開けた視野は失われ、闇の中に滑り落ちていく。谷間の思考というものが確かにある。

ランボーの十四行からなる伝統的詩形（ソネット）で書かれた初期の詩のひとつは、「谷間に眠る男」と題されたものだ。「ここは緑の穴ぼこ」、谷間の渓流でやすらかに眠っている男の入念なスケッチのあと、最後に、その詩は男の腹にのぞく二つの銃創に触れる。

それに十代に深沢七郎『楢山節考』を読んで揺さぶられたときには、姥捨て山の谷に突き落とされる老人の話も読んだはずで、谷と死との濃厚な結びつきには、なんとなく気づいていたはずなのである。「たとひわれ死のかげの谷をあゆむとも……」。

しかし谷とは、嵐にじかにさらされる山上や丘ではなく、風や光の脅威からは守られ、内にこもった避難場所でもある。細い道がいくつもあって、それは子供にとっては大きなジャングルジムのようなもので、それを登っていくと母の実家が氏子となっている、ふだんは誰も訪れない神社の敷地が開け、そこに無人の社があり、中に入っては、いとこたちと狼藉をはたらいた。この谷間は、暗く恐ろしく、生き物や排泄物の臭いにみちて荒々しい場所ではあったが、いつでも何か未知のものに出会う空間でもあった。私はそれを決して自分の内部にあるものと意識することはなく、ふだん住む地方の都会の明るく清潔な空気に比べれば、重たく暗く臭い場所として、敬遠したい気分をもちながらも、その場所ですごした時間をすっかり自分の心身の内部に折りたたんでいたのだ。その場所は自分の外にあって、それに抵抗していたつもりなのに、実はそれは私の内部に深く入りこんでいた。ひとつの身体に折り畳まれた谷間の地形と、風景と、気流、そしてそこで生き死にした一族の漠たる記憶。その谷間を、いつも不運な死者たちの墓が小高い丘から見下ろしていた。

以前にも引用した梶井基次郎の「冬の蠅」も、「窓を開けて仰ぐと、溪《たに》の空は虻や蜂の光点が忙がしく飛び交っている」と、冬の晴れた日の谷間の光景を描いたものだった。それを描いたのは、やがて結核で死に到ろうとしている青年だった。

視界をさえぎるもののない果てしなく爽快な海も、私のはじまりの身体の中に侵入してきてもいいはずだった。父はといえば隠岐の島の生まれなのに、決して故郷に帰りたがらず、ときどき海水浴につれていかれる程度の日本海は、私にとって遠い幻のようなものだった。四方を小高い山に囲まれた宍道湖の漣と、そこに照り返す鈍い光のほうが、すっかり私の心身に浸透していた。

ところで私は、「故郷」について語り始めたのだろうか。こうしてまるで自己の出自を点検するようなことをしているだろうか。確かにこの本ではときどき、自分の心身がまだ形も安定も意識も与えられていなかった頃に、そこに侵入し、衝突し、そこを通過し、撹乱した数々のものを点検するようなことをしている。

シュールレアリストであった瀧口修造が、戦争中に「郷土詩について」という意外な文章を書いていることを、画家の矢野静明に教えられた。「郷土は単なる自然観照の素材ではない。郷土は実に地域的な距離を超えた魂の母胎であるといふ意味で、滅却し得ない象徴として厳存し、郷土離脱の悲劇が痛切であればあるほど、それは独自の生存をつゞけるのである」。「かつてはあんなにもいきいきとした色彩と触感の生活の中で、私の幼い夢を培ひ生長に精気を吹きこんだ私の郷土は、いつからか発展を停止し無関心を装つてゐた、などといふことは多くの人にとつて無意味で奇異なことであらうが、私にはいかにも自然な事実にすぎなかつたのである。そしてこの呵責のない想念が、懐郷といふ感傷的な要素から多少解き放たれ、しかもそれが私の生家の周囲からわが国土の円環へと必然的に侵潤し初めるにつれて、鮮かな形象と秩序とをもつて私に迫るのだつた」。

郷土は「独自の生存をつゞける」、それは「いきいきとした色彩と触感の生活」であるといわれている。そのことは素直に受けとるとしても、「地域的な距離を超えた魂の母胎」とか、それをさらに拡張して「私の生家の周囲からわが国土の円環へ」などと書かなければならなかったのはなぜか。戦時下に権力に拘留されたあとで、もはやシュールレアリスムを唱えることなど不可能な状況にあって、瀧口はこれを書いたことを、もちろん考慮にいれなければならない。

「郷土」とは、むしろそういう拡張や超越や円環から無縁なところに、色彩、触感、生存、生活の様々な微粒子を、果てしなく見出す可能性ではなかったのか。ところが土地から身体にやってくる感覚の微粒子をしだいに粗大な単位にまとめあげ、そこから「風土」や「民族」や「祖国」を抽出するような思考は、あとを絶たない。感覚の微粒子として与えられる現実が、制度の観念にいとも簡単に置き換えられてしまうのだ。

たとえばプルーストの果てしない回想とは、回想する心身も、回想される事象も、かぎりなく微細な要素に分割し、たとえば、まどろむ心身の動きや震えを、未知の生物でも観察するように分解していく作業だったのではないか。

あるいはあの「舞踏」という芸術を作り出した土方巽が、舞台に立つことをやめた晩年に『病める舞姫』というまったく例外的な本に結実する文章を書き続けて、自身の幼年時代を、回想するのでもなく、回顧するのでもなく、ほとんど感覚の微粒子の水準で、逐一点検し、生き直すようにしたことも思い出すのだ。そういう微粒子の舞台となった土地にも人々にも、まったく名前を与えることができない。それはもはや「郷土」と呼べるものではなく、まして「生家の周囲からわが国土の円環へ」と抽象化しうるものでもない。

ところが粗大な観念に寄り添う抽象化でしかないそういう精神的操作が、ほとんど同時に、「本来の私」という身体的有機的感覚を通じて実現されることがある。奇怪なことだとはいえ、ナショナリズムでなければ、むしろアイデンティティへの執着や情熱として、しばしばそれは表現されるのだ。〈大地〉とは無縁に見える生活様式が普及すればするほど、それは無警戒な姿勢に襲い掛かり、まるで免疫など皆無であるかのように、そんな情熱や執着を感染させる。

そういう帰属の構造を、まるで決して分解することのできない習性のようにとらえるなら、それをただ神秘的な事象であるかのように包み込んでしまうことが、問題を忘却するには簡便なやり方である。実はそれほど有機的な過程ではないものを、私たちは肉体の事柄のように、血や体液の過程であるかのように錯覚して、把握してしまう（「民族の血」）。単に把握するどころか、そのようにして問いのありかを昇華し、何やら崇高なものに仕立て上げてしまう。生命が、肉体が、そういう感情の根拠になるにしても、それはかなり性急で雑駁な思考によるもので、むしろ非有機的な過程として考えない限りは、どうしても感情の統制的な力のうちに問いを閉じこめてしまいかねないのだ。

私の谷は「祖国」に通じるというよりも、むしろ聖書の「涙の谷」の地形に通う、とあえて書いてみる。

Wikipedia　ウィキペディア

奇妙な委員会の話を思い出した。

「ときには知らない誰かが現れて、八日間続けてやってきた。それから消えてしまった。ときには知らない誰かがやってきて、それからいつもくるようになった。ときには知らない誰かがやってきて——いったい彼はどこにやってきたつもりだったのか——新聞を読み、そして消えてしまった。

ときには見たことのある、何度も見たことのある誰かがやってくる。ときには知らない誰かがやってきて、数日後にまた戻ってきて、だんだん頻繁にくるようになり、突然、ずっと い続けるようになる。

一度だけの訪問もよくあった。誰かがやってきて、じっと見つめ、ときには耳を傾け、そして消える。ときには誰かがやってきて、詩を書いた紙切れを渡した、詩を朗読することもあった。

一月がすぎた。すでに欠席が目立っていた。委員会が結成された」。

「新しくやってきたものは、自分がどこにやってきたかわからず、これが何のための委員会かもわからないまま去っていった」。

「みんなが、そんなことは不可能だといった」。

「私たちはあまりにも万事を肯定するように躾けられているから、ひとたび解き放たれたなら、自由とは、もっぱら拒否することである」。

「この委員会は、生きがたいものだった」。

「私たちを結びつけているのは、ただ拒否だけだった」。

「私たちは、私たちの拒否が、包装され、ひもをかけられ、レッテルをはられるのを拒否した」。

「ものごとを理論的に分割すること、明晰に思考することという毒を拒絶しよう、と私たちの奇妙な委員会は言った」。

「個人的な意見や情報は拒絶された。おまえはこれこれを所有している、おまえは誰それである、という類のことだ」。

「なぜここにいるのか、それも口にされることはなかった」。

「従うべき指令も、模範も、活動家もいなかった。拒絶すること、さもなければ毒をのまされるだけだ」。

「委員会は夢のようにはかなく、夢のように重々しく、激しく、しかも夢のように、毎日続いた。ひとは対象のない愛を夢見ることができる。私たちを結びつけているのは、ただ偶然だった」。

「喜劇的な狂人の集まり！」

「非現実とは、この世界ではまだ罪なのだ。もう一世紀待たねばならない」。

「私たちは、未来にとっての先史時代なのだ」。

これはマルグリット・デュラスの本『緑の眼』に収録された文書の一部で、「一九六八年五月、学生作家行動委員会の創設に関する政治的テクスト」と題されている。当時の「委員会」は、この文書を「個人的で、文学的で、悪意のこもった、不誠実な」ものと断定して受け入れなかった。書き手自身の注釈にそう記されている。

「ネットワーク上のどこからでも、いつでも、誰でも、文書を書き換えて保存することができる」というシステムのひとつがウィキと呼ばれる。ウィキはハワイ語で「速い」を意味するのだそうだ。私のように原始的なコンピュータユーザーにとっても、ウィキペディアはいつのまにか親密な事典になっている。前の世紀には、予想だにしなかったもののひとつだ。コンピュータは、はじめ出現した頃、高性能の計算機というイメージしかなかったのに、情報の交換、保存、増殖という面で、まったく新しい質量をもつシステムが誕生したばかりか、記号、情報、イメージの巨大な流動的次元がそこに構成された。それは仮想現実の果てしない時空でもあって、ほとんど幽霊的次元である。

「どこからでも、いつでも、誰でも」とは、果てしない自由、平等、対話を保証するシステムだということになっている。実際に情報を統制し一元化しようとする体制にとって、それは危険の多いシステムであり、そんな体制に対抗する手段ともなりうる。しかし「どこからでも、いつでも、誰でも」、そして「素早く」が原則である以上、情報を送る人間も受ける人間も、だんだん幽霊的存在になっている。記号、情報、画像は、「どこからでも、いつでも、誰でも」の原則が進むにつれて、知覚や思考の能力にとっては飽和や過剰の状態を生み出し、色彩が過多に混合されるときは、ほとんど濁った灰色に見えるように、与えられた過剰な差異は無差別状態として知覚される。いやそういう考えは、情報社会に適応しない遅れた世代の反応であることも確かだが、すでに無差別状態は、情報の銀河それ自体にも浸透して、奇妙に画一的で無表情な情報的文体も生まれているようなのだ。

テレビの時代のメディア社会学を作り出したあのマクルーハンのいうように、新しいメディアは、必然的に新しい思考と知覚を生み出していく。かつてグーテンベルクの活版印刷でさえも新しいメディアとして、そういう効果をもち、やがては写真や映画のようなメディアも、さらに新しい世界を重ねて生み出した。マクルーハンは人間の身体を拡張する道具や技術そのものをメディアと呼んで、まったく楽天的にメディアの効果を肯定し解読しようとした。新しいマクルーハンも次々登場する。それに対するメランコリックな態度も次々現れる。メランコリーとメディアの奇妙な結合から、怪しい果実が生まれることもありうる。

デュラスの奇妙な「文書」もまた、今から半世紀前のパリの騒乱の渦中に、「どこからでも、いつでも、誰でも」の状態を描いている。もちろん現実に、ある場所に体を運んでくる人間たちが、そのような不定形の委員会となり、次々文書を書き、抹消し、変更してはまた書き加えていった。そこでは、議論、ペンと紙、文字だけの素朴な手段だけがメディアだった。「個人的で、文学的で、悪意のこもった、不誠実な」といわれる文書だけが残った。しかしこれほど頼りない文書が、様々な意図や思惑や夢や怒りからなる巨大な出来事の、ひとつの中心を言い当て、証言しているのだ。

「非現実とは、この世界ではまだ罪なのだ。」しかし、誰もが「現実」とみなしていることもまたこの世界では、比較的安定状態にある感情や観念や価値観によって構成されている。その「現実」に絶望し、失望しているという人々だって、その絶望や失望によってこの「現実」を支えているという絶望的なからくりさえあるのだ。

数々の委員会が生まれ、革命をめざす闘いは、どうしても指令、道徳、規律、党派性、効果性を取り入れることになる。一九六八年の出来事は、出来事の空虚な中心を支持する非現実の思考とともにあった。何もなかったのではなく、何ものでもないものであろうとする奇妙な情熱に裏づけられていた。「舗石の下は海」というよく知られた言葉は、デュラスのものという説もあるが、もちろん誰それの言葉であるということに、もう意味はなかった。

X

　書くことは、持病のようなものだ。ただ仕事であり、趣味であり、悪癖であるといってもよいけれど、やはりちがう。まったく個人的ないとなみなのだが、私という個人の輪郭をはみ出ている。少なくとも、書いているときの私は、毎日の私と同じではない。そもそも何のために書くのか、わかった試しがない。書こうとしたことが書けたか、確信したこともない。何を伝えたいか、はっきりしないばかりか、何かを伝えようとしているかどうかも不明なのだ。机を前にじっと体を固め、視線を定めて書く姿勢は、確かに健康のためにはならない。言葉をさがし、ためらい、たちどまり、すわりの悪い言葉の間を堂々巡りして、何とかくっきりとした線、意味の濃度、流れ、そして通念から離れるための弾力や揺らぎのようなものをさがしている。「持病」といっても、これを必要としていること自体は少し「中毒」のようなもので、書かないまま何週間も過ごしたら、もぬけの殻のような別の人格になってしまう。しかし別の人格になりきることには、まだ成功していない。

　今思わず「個人的ないとなみ」と書いたのは、問題を含む発言で、おおむね批評的思想的文章を、多くの場合、公表することを前提に書いているのだから、公的ではないとしても、小規模ではあっても、ある社会的な関係と情況にむけて言葉を発しているのだ。そのことは十分意識している。主題が与えられている場合には、なるべくそれに応えようとし、しかも主題 - 解答という社会的な暗黙の枠組み自体を疑いつつ、ずらしてみたい。そのたびになぜ書くのかという問いの水準まで下降することになり、それはまったく「個人的ないとなみ」の水準にかかわるが、じつは書くことは、このとき個人 - 社会という単位そのものを問い、そういう対立や分離の根底にふれることなのだ。

「書くこと」でなくても、他のどんな行為でも、ほぼこれに似た奇妙ないとなみになりうることは十分想像できる。そして「書くこと」を、こんなにややこしいいとなみではなく、日記のような私的行為であれ、社会的、公的コミュニケーションであれ、人を楽しませ驚かせる物語であれ、目的を定め、何を達成したかも把握しうる明確な行為として実践している場合が、むしろ大半を占めるのである。

そもそも言葉というものに、どのようにかかわるか、という問題を避けて通ることはできない。書くことは、言葉を用いて何かを表現する行為にちがいないが、その言葉自体に対して問うという行為でもある。言葉の意味について、形態について、伝達可能性についても問いながら、言葉と意味の間隙を縫い、這って進むような作業でもある。話し言葉でも、会話でも、そういう作業が決して不可能なわけではない。しかし、いつでも立ち止まり、公的私的な言葉の流れを断ち、前に戻り、抹消し、変更し、追加することができるからこそ、書くことは、言葉と意味の間隙に触れる作業を可能にする。

だから言語が社会とともにあり、一方では言語の運用がひとつの脳の中での孤立した個的な行為であるとしても、そういう社会的、個的な場の発生そのものに直面するようにして言語を問いながら、これをあつかうことができるのだ。いま約一億人が日本語を頭蓋に蓄えているとしても、ひとりひとりの頭のなかの日本語は、どれひとつ同じではない。しかも日本語の辞書のようなものが、メモリーとして頭脳に蓄えられているわけではない。たえず断片的であり変形される局所的日本語が、それぞれの頭に明滅し続けているだけだ。それでも、社会性もコミュニケーションも、決して幻想であるというわけではなく、そういう言葉の明滅の間に、情報や意味や価値、そして物語や歴史が何とか流通していく。

個的である言語行為とは、そのまま心身の状態に、身体そのものに結ばれている。意味を失い、文法からも逸脱して、錯乱し叫ぶ言葉が、それぞれの個体の中にある。そういう叫びが突如として集団化する場面や出来事もあるわけだが、書くことは、押し殺された叫びや吐息やつぶやきや吃音を掬い上げることでもある。何のためという目的があらかじめあるわけではない。

社会性は、規律やコードや形式をしっかり与えられた言語とともにあるが、叫びや吐息やつぶやきや吃音はそこにもあって、社会とは、そのような例外的振動が出会い、衝突し、共振し、増殖する場所でもある。そういう場所を感知することも、書くことの作業の、もうひとつの実質をなすが、これもいわゆる社会的秩序の外にあるコミュニケーションだとすれば、こういう言語の行為は何を目的とし、何を達成するのか、計る尺度がそもそもありえない。

書くことは、目的を拒絶し、決して達成されず、言語を疑い、言語の間隙をさまよい、意味をのがれる。つまり私にも社会にも属さないで、言語そのものを成立させる運動が、いつのまにか言語から遠ざかるようにして再開されている。そしてこんな拒絶と逃走の動きは、言語があるかぎり、決してとだえることがないだろう。

それにしても、書くことによって、拒絶すること、逃走することにさえも、成功したかどうかわからない。書くことは持病のようなものだ。

もちろん書くことに淫することはできない。書くことは、それほど快い行為でも、美しいものを生み出す行為でもない。確かに書き手によって、時と場合によって事情は異なるとしても、書くことは快感を引き裂き、美の輪郭を寸断してしまう無粋な言語行為でもある。すっかり習熟した言葉を操るプロフェッショナルあるいは職人のような書き手が存在する。みずからそう信じる書き手も存在する。それにしても、書くことは決してそんな熟達も完成も許さない。

意味も、形式も、目的も、書くことを全面的に決定しえないとすれば、ただそれらを迎えつつも拒絶する行為の持続があるしかない。書くことは、永遠に未熟であり、決して実現されない。それは、描くとか、踊るとか、彫刻するとか、演出するとか、発明し発見するあらゆる行為とか、と同じように謎めいた部分をもつとしても、書くことに固有の把握しがたく達成しがたい性質というものが確かにある。

だからそれはいくぶん狂気に似ているのだ。目的もなく、達成されることもなく、与えられた言葉を拒否する動作をただ繰り返し、しかもその言葉という素材なしには不可能な試行錯誤を続ける。それは言葉とともに真空を生み出すような行為でもあるが、そういう真空状態に、すさまじい感覚と思考の混沌が訪れる。混沌に秩序を与えることが、書くことの使命でもあるはずなのに、むしろ限りなく混沌を増殖させるようにして、言葉の秩序を撹乱することも、書くことの欲望に属するのだ。気体や流体を迎え、鉱物に衝突し、植物や動物の様々な生態を模倣する。人間的な事象はその一部分にすぎず、人間的な事象さえも、しばしば非人間的な要素からなる。書くことは野蛮である。人間的なものになりすぎた話し言葉に、野生の暴力を注入する。

しかし、ある場合に、書くことはこれらすべての物質的なもの、生命的なものをまったくよせつけない空虚な次元を現すのではないか。生物の次元でやりとりされる情報や記号があるとしても、そこから薄く硬い一枚の表面を隔てたところに、言語の次元があるとすれば、それはあらかじめ意味とも目的とも関係がなく、まるで不毛な鏡面のようにただ孤立してある。それはまるで生命から隔てられた不可蝕の死のようなものである。

書くことは何ものでもなく、何にもならないとして、何ものでもないものの権利を守ることであり、その権利に守られてきたのも書くことなのだ。そして多くの場合、書くことは伝達に、目的にまったく従属し、力によりそい、力によって実践されているにしても、書くことのこれほどの本質的な無為性を、力を退ける無為性を、無にすることはできない。もし誰かが書き続けるなら、その無為性を無にすることはできない。たとえもう誰も書かないとしても、無数の書かれたものは、まだすべて焚書にされてはいない。その無為性への無関心によって、焚書は続き、書物の断裁は続いている。

それが果たして言葉だけの力なのか、疑わしいとしても、言葉のもつ奇妙な力、無為性の力のあることを誰も否定しないだろう。

言葉の力などまったく空しいということにも、私たちはあらゆる機会に目覚めるのである。まったく無力ではないとすれば、こんどは言葉の無力の力にも目覚めることになる。話す言葉か、書く言葉かは、もうそれほど問題ではない。

ただし書かれた言葉の力は、沈黙とともに、つまり話さない（話せない）という沈黙の圧力とともにある。書き言葉は、いわば「死のかげの谷」で、ささやかれる言葉であり、無数の死んだ言葉に取り囲まれている。幾度となく死をかいくぐった言葉は、ただそのことによって別の生を指示するが、それは他界の生ではなく、言葉の生に避難し、集中された生である。

Yankee　ヤンキー

『白鯨』のように途方もない作品を書いたあのハーマン・メルヴィルが、『代書人バートルビー』を書いていたことは、さらに途方もないことに思える。けれど『白鯨』のそんな印象は、私にとって、大海に繰り広げられる最も荒々しい冒険的場面ではなく、むしろその間に突然開ける異様な静けさなのだ。「そこは大群の最深奥部で、我々は鯨の大群の中心部にボートを浮かべているのであった。山間の激流を下り降りて、ついに静寂な谷間の湖に達したように感じた。大群の最外縁部に群がる鯨たちが演ずる狂乱と狂態は、遠い谷間を吹き荒れる嵐のように、音には聞こえてくるが、肌に響いてくるわけではなかった。いま眼前に広がるこの中心部の海は、静かに凪ぎわたり、海面はつややかな繻子《しゅす》の布を引いたようになめらか、（中略）あらゆる混乱のその芯の部分には、魔力にかかったとでもいうほかない静けさの芯がひそむものとされるが、このとき我々のいる場所がまさにそれだった」（『白鯨』）。

ここにも「谷間」があり、「湖」があった。しかしバートルビーの物語には、もう大海も、巨大な生き物も、偏執狂的な謎の船長も現れない。マンハッタンのビルディング街の法律事務所に勤めはじめた一青年の毎日は、文字通り砂を噛むように味気ない。その事務所で、「せずにすめばありがたいのですが」という言葉だけをぶっきらぼうに繰り返して、所長の命令を退け、周りの人々を当惑させ、やがて職も失い、すべてを失って死にいたるバートルビーの奇妙な物語については、何人かの哲学者たちの興味深い読解や、エンリーケ・ビラ＝マタス『バートルビーと仲間たち』のように「バートルビー症候群」について面白おかしく語る本さえも現れている。

バートルビーの態度は、反抗でも拒否でもないので、まったく位置づけがたい。「せずにすめばありがたいのですが」という言葉は、意味のある言葉をやりとりする可能性そのものを中断し、脱臼させてしまい、虚空に突き落としてしまう。彼に仕事を指示しても、返ってくるのは「せずにすめばありがたいのですが」だし、とうとう解雇され住むところがなくなったバートルビーを思いやって、何をすすめてみても、やはり返ってくるのは「せずにすめばありがたいのですが」なのである。

この奇妙な「せりふ」は、物語やドラマを導くはずの対決や葛藤の次元から、あらかじめずれ落ちてしまっているので、それを聞かされた人物は怒ることさえもできない。その白色の中性的な言語が、意味と、意味のある行動の連鎖からなる日常を、まったく空転させてしまう。すべてが無意味になり、事務所は、そこで働く代書人たちの習性や身振りが、ただ機械的、生理的に反復されるこっけいな場所になる。あえてこれに比べられる作品としては、カフカの「断食芸人」や「変身」が浮かんでこないこともない。カフカの人物、それに動物たちも、やはり攻撃することも反抗することもせずに、意味のある表現や行動の次元から、ただすりぬけてしまうのである。

ところでメルヴィルは『白鯨』と『バートルビー』のあいだに、もうひとつ途轍もない作品『ピエールあるいは曖昧さ』を書いている。読むものは、こうして三回（以上）驚愕することになるのだが、その驚愕の性質がまったく違っていることにも驚愕することになる（レオス・カラックスの映画『ポーラX』はこの作品を原作としたものだったが、小説の奇妙さと、映画の奇怪さがどこで交わっていたか、記憶にない）。

それは「ヤンキー yankee」の若者たちをめぐる小説なのである。合衆国北東部に住む白人たちの総称ということになっている「ヤンキー」という言葉を使っているのはメルヴィル自身で、『ピエールあるいは曖昧さ』の中にたった二度だけそれは出現する。もちろんヤンキーとは、ニューヨーク生まれで、二十代に捕鯨船や軍艦の船員として世界の海を駆け巡った後はアメリカ東部で生涯の大半をすごしたメルヴィル自身のことでもある。

メルヴィルは実に多くのことを、この小説の中で問う。それも答えのありえない問いを続けて、小説は過剰なほどに純情な人物の愛を滔々と語りながら、同じくらい滔々と哲学的問題を考えることに頁を費やす。そのため小説の形式はまったく破綻し、迷走し続ける感がある。小説はあくまでメルヴィルの問いのために書かれ、結局、この問い自体に引き裂かれるかのようなのだ。

確かにメルヴィルの問いのひとつは、アメリカとはいったい何か、である。「君主制の世界なら当然のように想像するだろう。アメリカはデマゴーグの国だから、銅像を建ててやれるような《聖なる過去》などあるわけがない。それどころか一切のものが冒瀆的なごった煮になり、恒久的で、結晶することのない《現在》の低俗の大釜で煮られている、というわけだ。こんな奇想もアメリカの社会的状況に妙にあてはまっているといえないこともない」。「いわゆる民主主義的要素と言うものが、幽玄にして捉えがたい、酸のような作用をし、古いものを腐食しつつ、つねに新しいものを生み出してゆく」。「しかし《死》そのものが《生》に変わるということは、まったくアメリカの驚異なのだ。それゆえ政治制度までが、他の国ならば人為性の極みに見えるはずなのに、このアメリカでは自然法の神的徳性をまとっているように見える。なぜなら自然の法のうち最も偉大なものとは、自然が《死》から《生》をもたらすということにほかならないからだ」。

ピエールの祖父の時代に、アメリカの男たちはインディアンとの戦いの〈武勇伝〉を残しながら、心優しい家長でもありえた。血なまぐさい暴力の記憶は、君主制的、貴族的、宗教的、軍人的で、しかも民主主義的であるアメリカの楽園では、もはや〈武勇伝〉の種でしかない。ヤンキーの子供たちは楽園の純愛を生きる。そこには父性の影さえもない。父はすでに死んでいる。ピエールは寡婦である母親メアリーを「姉さん」と呼び、第一の恋人として接している。許婚のルーシーとの愛も、「姉さん」との愛と背反することなく、まったく調和的に生きられる。

それからあいつぐ破局的な出来事が愛の楽園を襲う。その破局は、何かしら愛とは別の次元の感情からやってくる。そして物語の部分は、まったくメルヴィルにとってはほとんど口実のようなもので、ピエールの奇妙な熱情について注釈し、思索するメルヴィルの奇怪な言葉のほうが、はるかにすさまじいのだ。

ピエールは、ほんとうの「姉さん」に出会うことになる。彼の死んだ父親が母となるメアリーに出会う前に、フランスの女との間に設けた娘イザベルの「顔」は、まったく唐突に「超自然」的なもののように出現する。「光の帯に囲まれながら、その幻影は灯台の光のように彼を照らし出したのだ。その顔はまるで伝承と予言をおぼろげに告げているようで、後方には何か償いがたい罪を、前方には避けがたい悪を暗示しているかのようだった」。「それは自然の扮装をしていながら、どことなく超自然の光に照り映え、感覚では触知できるのだが、魂には不可解なものとして迫る。ぼくらの心に完璧な刻印となって焼けつき、地獄の悲惨と天国の美のあいだを彷徨しているかのように見える」。

イザベルと鯨は少しも似ていないが、イザベルはまったくモービィ・ディックのような存在といえる。超自然的な存在として、ピエールの破局的運命を導く存在であるという点でも、モービィ・ディックとエーバブ船長というカップルとまったく相似形のカップルがここに出現するのだ。

ピエールの家には父親の二つの肖像が存在する。一つは大広間にかけてあり、妻の思い通りに描かれた夫の、夫婦愛の結晶のような肖像画である。もう一つは未婚の青年時代の肖像で、「星雲のようにおぼろな世界」から呼び出された「未知の異様な妖怪」のような男が描いてある。それはやがてピエールの父親となる青年がフランスの女に恋していた時期の肖像で、その青年は、いかにも率直で快活そうな顔をしていると同時に、「少し曖昧模糊、少し揶揄するような顔」をしている。わが家に偶然侵入してきたこの肖像に対して、母メアリーはいつも嫌悪を隠せないのである。

メルヴィルは、ピエールが遭遇する〈曖昧な〉状況を綿密に描き出している。そもそも生の最も強烈で激越な感情は、あらゆる分析的な洞察を拒否する。最も印象的な事件も、きわめて瑣末な事件も、偶然につぐ偶然が無限に連鎖した末の所産である。「帰納すべき真の原因を求めるのなら、従属関係の長い系譜をたどらなければならないが、そのずっと先は触知しがたい大気の立ち込める曖昧な地域に消えうせてしまう」。ピエールの精神は、父親の二つの肖像の間でゆれ、様々なイメージの間をさまよう。世界の無限の曖昧さ、たえまない動揺は精神を混濁させるにちがいない。しかしその中にあっても、ピエールは「神のごとき指令」を潔く受け入れて行動し、まっしぐらに破局に向かう。自分の前に現れる果てしない偶然の連鎖と、そこからやってくる曖昧さの印象にもかかわらず、ピエールはまるで動かしがたい運命にしたがうように簡明に行動する。

父の残した腹違いの姉と出会ったピエールは、母メアリーも許婚ルーシーも捨て、一切秘密を明かすことなく、姉イザベルと偽装結婚するという突飛な行動に出る。もはや「ピエールに親はない。過去もない」。悲劇的選択とも、愚かな選択ともいえる。最悪の選択ともいえる。しかし選択の余地などないかのようにピエールは行為する。まるで天啓にしたがうように行為するが、選択したのは神ではなく、あくまでピエールなのである。この選択によって、母も恋人も、超自然の幻影のように現れた姉も、決して罪や悪意によって汚されることはない。傷心し、絶望した母は死にいたるかもしれないが、道徳的に汚されることはない。これはまったく奇妙なピューリタン的選択ともいえる。ただしピエールには、取り返しのつかない不幸が、復讐が、死が待ち伏せている。

メルヴィルの筆が描き出すのは、まったく敬虔なキリスト教的信念に見えるが、実はそれを空無に突き落とすような思考なのだ。「求道者的な《真実》、《熱情》、《独立》は、深遠で恐れを知らない思考に生来ふさわしく生まれついた精神を、いずれは例外なくかの《極北の国》に導いていくのだが、そこではすべての事物が、疑わしい、不確かな、屈折した光の中に見える。そのように希薄化された大気を通じて眺めると、もっとも遠い昔からまかり通っている人間の公理さえもが地滑りし、変動し始め、最後には完全に倒錯する。天そのものが、この惑乱させる結果に対して罪がないわけではない。なぜなら、この種の不思議な蜃気楼が現れるのは、おおかた天そのものにおいてであるからだ」。

自分の「心情」をあくまで一途に信じるピエールを、そういう「曖昧さ」が訪れる。彼は

「心情」を信じても、自分の「知性」を信じることができない。そういうピエールは、作家になって窮状を脱しようとする。駆け出しの作家ピエールとともにメルヴィルは、迷走とも思える思索を延々と続けるのだ。それはただ挫折し、難破し、やがて中心の無にたどり着く奇妙な思索の実践である。

「世界は永遠に独創性の泡沫で浮き立っているが、世界が意図した意味での独創的人間が存在したためしはない」。「アメリカにおけるあらゆる人間的要素の政治的、社会的均質化および混乱は、他の国では見られない驚くべき異例の個人を生む」。この二つの文は、矛盾してはいないか。しかし独創性は存在し、存在しない。ピエールの独創性はそういうものにすぎない。意図されたものとして独創性は存在しないが、意図されない次元においては、驚くべき独創性が次々生まれる。限りなく曖昧な現実に差し込む光は理性の光ではない。それはただ信念であり、しばしば敬虔さとともにある。まったく自己欺瞞的な心情のねじれが、そこにはある。それは『ピエール』のように破滅的な純情を実験する小説を書いたあと、やがて『信用詐欺師』のようにひたすら詐欺師の群像を描いたメルヴィルの、思考のねじれと結びついている。そして、実はそれは《ねじれて》などいない。異様なほど直截な思考の展開でもある。

真実は、真実であるからこそ、無限に変容する。こうしてメルヴィルは驚くべき哲学にたどりつく。「回転する台座の上に立つ像は、あるときはこの手、あるときはこの足、正面を見せたかと思うと背中、あるいは脇腹を見せる。およその横顔というものにしても、変転してやまない。同じことで、人間の魂も、軸をつけて立像にしてやると、《真実》の手に回される。変化しないのは《嘘》だけだ。ピエールのうちに不変性など求めないでほしいものだ」。これを言い換えるなら、「真実だけが嘘をつく。嘘にとってはただ真実しかない。嘘だけが真実である」となるだろうか。メルヴィルは、おそろしく真実にこだわり、愚直なほどに真実の哲学的探求を続け、最後には座礁した真実の目くるめく断片とともに物語を閉じるしかない。「わたしは一個の詐欺師である」とでも作家は結論するしかないようだ。ただし詐欺師だけが真実を述べるのだ。

行動的で敬虔なアメリカ、民主主義的で独創的なアメリカ、真実で詐欺的なアメリカ、メルヴィルはそのようなアメリカ（ヤンキー）の肖像を、ピエールという青年を通じてあますところなく描いていたが、もちろんそれはアメリカだけに終始する探求ではない。

たとえば主人公や語り手が、手短に、あるいは長々と哲学的思弁を繰り広げる哲学的小説というものがあるだろう。そういう思弁は多くの場合、小説を構成する要素として、物語の枠組みにおさまっている。ドストエフスキーの長編に現れる長大な思弁にしても、そのような枠組みを逸脱するわけではない。しかしメルヴィルの哲学は確かに過剰で、小説そのものの枠組みを食い破ってしまうようなのだ。しかもその思弁の主題は《曖昧さ》であり、決して確固たる体系的な論理にたどりつくことがない。メルヴィルは、ただ執拗に、思考不可能について思考しようとしたようだ。

そして真実とは、たくさんの嘘からなるという奇妙に倒錯的な確信にたどりつく。地方の名家の息子であるかもしれないピエールに、もはや両親はおらず彼は孤児のように思考するしかない。父とはヨーロッパであるとすれば、孤児とはアメリカであり、孤児同士の愛や友愛を支えるのは、もはや真理にも歴史にも保証されることのない無根拠の敬虔さである。ピエールの信仰と真実の内部には、もはや何も根拠がないが、根拠のないところに信仰と真実が生み出されなければならない。ピエールが最後の日々に見た美しい娘の肖像画は、ルネサンスの時代に父親に犯され、その父親を殺して処刑されたベアトリーチェ・チェンチを描いたグイド・レーニの絵だった。チェンチ家の悲劇に、「残酷演劇」の最高の例を見出したアルトーを思い出さずにはいられない。最後にピエールを、父を殺したルネサンスの娘と対面させたメルヴィルは、いったい何を考えていたのか。

グイド・レーニ『ベアトリーチェ・チェンチの肖像』

Zéro　ゼロ

無、空、死、不在、非在、零……何もないことを示す記号それ自体は無ではない。無の意識は無ではない。無意識さえも、むしろ意味に満ちている。意識も、言葉も、実在するものに比べれば、無であるにちがいない。しかし意識と言葉とともにある人間にとって、意識と言葉は決して無ではない。そこから跳ね返って、「無」という言葉が、その意識が、奇妙な力をふるうことになる。「空の空なるかな　すべて空なり」。無をふりかざす思考には要注意である。無とは、しばしば抽象であり、無をふりかざすのは、しばしば男たちである。「こんにちは」と言う挨拶にも「ちぇっ」という呟きにも、別に大して意味はないが、それらを言うことには一定の効果があるので（関係をとりもつ、鬱憤を晴らす……）、まったく意味がないわけではない。いや無意味でも確かに作用し、効果をもち、力をふるう。つまり無はむしろ言葉の中にあって、言葉の外にはない。

　何も起こらないように見える場所にも、微粒子が舞い、光が降り、空気や水分が流れ、腐食、破壊が進み、たえず何かが生まれている。「思うに、死後、そこには光と闇の空間しかない。太い茎が交錯する。たぶんずっとうえまで。不明瞭な色の薔薇の花を形どった染みが点在する

――滲む薄紅と青――それらは時が経つにつれて、段々明瞭になってくる――それからどうなるか私には判らない……。／にもかかわらず、壁の染みは穴などではない。それは穴ではなく何か丸くて黒いものである可能性さえある。小さな薔薇の葉。夏の名残の。そして家事を引きうける者としてあまり細心であるとは言えない私はマントルピースのうえに埃を見いだす。言い古された表現で言えば、トロイを三度も埋められるほどの埃」（『ヴァージニア・ウルフ短編集』、「壁の染み」）。

ここにはまるで染みや埃のような思考と言葉だけが並んでいる、といってもいい。物語、人間、対話、社会、家族、風景、そうした価値や存在が確固としてあるという信念に基づいた世界があり、表現があった。今でもそれはすっかりなくなってしまったわけではない。しかしそうしたものが、あるとき音をたてて崩れる、あるいは静かに干からびていくことがあった。

実はそういった価値が滅んでしまうことなどありえない。人間から、人間という価値が消えていくことなどありえない。でも歴史はたえず価値を変動にさらす。そこで歴史的な価値の網目に掬いとられることのなかった群れ、声、身ぶりが噴出することがある。革命や蜂起や破局として知られる出来事以外の場面でも、そういう「噴出」は、むしろ「滲出」として、静かに進行し、たえず進行しつつある。そのように「滲出」するものに反応した「書くことの零度」（ロラン・バルト）は、むしろ言葉の温度や色彩を斥け、冷ややかな白色の言葉で書くことを意味した。十九世紀のフランスには、修行僧のように書き言葉を彫琢する神経症的な作家や詩人たちが現れた。そういう白や零度の印象は、私の中で長く尾を引いているが、いまでは最良のものとは思えない。

やがて染みや埃や黴のような言葉で書く作家や詩人も現れた。あるいは「どんな内的言語も表現することができず、意識の敷居でひしめき、濃密な塊りとして集結しては、突然浮上し、たちまち崩壊し、構成を変え、新しい形態のもとで再び出現する感覚、イメージ、感情、記憶、衝動、潜在状態の微細な動き」（サロート『疑惑の時代』）が新しい文学の焦点となる。零度の白であるどころか、それはむしろ微細なニュアンスにみちた渦であり混沌だった。そういう混沌や渦に耳を傾けているうちに長い時間がすぎてしまった。「彼はこのような時間に、声、音楽、風の音や虫の音、または空気音や金属音、銃声、雷鳴、笑い声、呼び声、話し声、そしてまたささやきなどを聞くのであった。それは四方から聞こえてきた。それは壁の中にも、空気の中にも、服の中にも、そして彼の体の中にも、ひそんでいた。彼は、それが黙っているときには、それを体に入れたままでいるような気がした。そしてそれは、体の中から突出すると、彼からそんなに遠くない周りの物の中に隠れてしまうのであった。（……）肝心なことは、それが外にあるのか内にあるのかは重大でないということだった。彼の状況にあっては、まるで透明なガラス壁の両側に明るい水があるようなものだった」（ムージル『特性のない男I』）。

これがムージルの長編にたえず影のようにつきまとう狂気の殺人犯の「状況」なのだ。この男モースブルッガーは、ほとんどすべての価値を拒絶して厳密に再考しようとする主人公ウルリッヒの分身なのだ。ウルリッヒの「エッセイズム」はやがて妹アガーテとの近親愛に迷い込み、長大な小説の行方はわからなくなってしまう。「もっとも遠い昔からまかり通っている人間の公理さえもが地滑りし、変動し始め、最後には完全に倒錯する」。メルヴィルのいう「極北の国」に、ムージルもたどりついてしまったようだ。愛をめぐる壮大な実験が、両親も恋人も排した近親愛の形をとったのは、決して偶然ではないにちがいない。ウルリッヒとアガーテ、ピエールとイザベル。愛について、あまりにも多くのことが語られてきたし、今も語られている。語りはそれでも反復される。何か愛のようなものが言葉をかきたてるからだ。言葉は愛にまみれ、やがて空転し始めた。愛について語る言葉がもうないのだ。「極北の国」で、言葉も愛も再発見されなければならなかったが、これらの試みは当然破綻するしかない。

そして言葉は無を発見し、無に覆われてしまうのではなく、むしろ多くの空隙や亀裂を含み、そこには奇妙な緊張や弛緩が現れた。すべてを試練にかけようとするムージルの「エッセイズム」は、言葉自体にも及ぶことになった。「もともと彼の考えは緩慢だった。言葉を出すのが苦労だった。彼は十分に言葉をもちあわせていなかった。それで誰かと話すとき、相手がびっくりして突然彼を見つめることがあった。彼があまりに言葉をゆっくり口にするので、その一つ一つの言葉に込められた意味がまるでわからなかったからだ。彼は若いうちから楽に話すことを覚えた人たちがうらやましかった。なぜなら、言葉の必要にせまられたまさにそのとき、まるで嘲るように、言葉がガムのように上顎にこびりついてしまい、そして彼が一音節をひねり出し、なんとか始めるまでに、はてしない時間がすぎることがままあったからである」（ムージル、同）。

もはやモノローグも、ダイアローグも不可能なのだ。言葉の中に埋めがたい空隙があるだけでなく、言葉そのものが空隙となる。空隙は、突然うがたれたわけではない。もともとあった空隙が、なんとかとりつくろわれていただけだ。

この世界のメディアの言葉は、いかにも滑らかに、とどまることなく流れていく。もちろんそこで発言するものの権利も舞台も、あらかじめ確保されている。しかし用意された舞台の外の言葉はどもる。途絶える。何を言っているのかわからなくなる。誰の声かもわからなくなる。顔のない誰かが言葉を奪ってしまったのだ。言葉の所有をめぐる、すさまじい争奪戦の中で、誰のものでもない言葉、乏しい語彙、簡素な文法、そんなものがまだ残されているのだろうか。

若い女　わたし、畑じゃない。なんで、わたしが畑？　畑って何？　平ら。湿ってる。雨が降ると黒くなる。わたし、畑じゃない。

ウィリアム　そんなこと、言ってない。

若い女　畑が座っているって言った。

ウィリアム　畑みたいだって言ったんだよ。

若い女　畑が座ってるって言ったよ。
ウィリアム　畑みたいだって言ったんだ。畑みたい。
若い女　おんなじよ。
ウィリアム　ぜんぜん違う。
若い女　もし畑みたいなんだったら、畑じゃなきゃヘン。

（デイヴィッド・ハロワー『雌鳥の中のナイフ』）

こういうやりとりは喜劇でさえない。もはやこういう言葉しか残されていないという標本であるかもしれない。「わたしは畑じゃない、なぜなら畑とは以下のようなものだから……」という発言が斥けられる。「畑だと言ってはいない、畑みたいだと言っただけだ」。いや「畑が座っている」と言った。ウィリアムにとってそれは「違う」発言だが、女にとってそれは「同じ」発言である。そして「わたしが畑みたい」なら、「わたしは畑でなくてはならない」。ただ誤解と混同が続いているにすぎないと断定してもいいが、この「対話」は、そこに含まれる空隙だけをめぐっている。わずかな空隙に見えるが、それが重大な、取り返しのつかない決裂につながる。いや決裂はすでに起きている。「そんなこと」が言われ、そして言われなかった。喩えが、喩えとして聞こえなかった。喩えとはそういうものだ。同じものが違うものだった。所詮、解釈の問題だ、といい切る人もあるだろう。しかし言葉がそういう振動と空隙を通り抜けていくことを、誰も排除することはできない。言葉それ自体は、むしろそういう振動や空隙を排除しようとするにしても、それなしに言葉は作用しえない。

言語という確実な〈もの〉があるわけでも、安定した意味があるわけでもない。言語の空隙を、そして言語という空隙をあやつる行為があるが、もちろん通常それは行為であるとは感じられない。行為と呼ばれることもない。しかし言語は行為なのだ。なんと人間は怠惰になったことか。なんと忙しくなったことか。生きていることがすでに行為の連続なら、むしろ言語においては行為しないですむほうがいいし、言語の行為などないほうがいい。ただ純粋な想念であり観照であり、戯れであるほうが。しかし言語はやはり行為なのだ。

対話は不可能であると誰かがいう。対話がありえないところに、おためごかしの対話的せりふなど、でっちあげちゃいけないという。対話することで実はみえなくなってしまうものがあるという。でも対話しましょうと、また誰かが能天気にいう。

対話しながら対話が止まってしまうとき、そこに穿たれるクレヴァスがあるなら、その空隙と対話し、もう一つ空隙が見つかるなら、こんどは空隙どうしが対話するだろう。

たったひとりでも対話していたのではないか。後悔や葛藤さえも対話ではないか。対話とは、対話どうしが対話するのではないか。心情と記憶と思考がもつれ合って、それぞれに対話して、そういうもつれあいが対話するのではないか。それなら対話は、とりわけ心情の対話であり、身体の対話ではないか。

ところが身体のリズムも、心情のリズムも、少し対話のリズムからずれている。対話を追い越したり、はるかに遅れていたりする心情そして身体、この時間的な縺れや淀みさえも対話だというのか。

どんなにすぐれた解釈も、倫理も、いろんなワクチンが生き延びることに貢献し、原子爆弾が絶滅に寄与したことに比べれば、何ほどでもない。何ほどでもないから、対話するのか。対話は極めて乏しくどこにもないが、対話は世界にあふれている、対話しないための口実のように。

対話が不可能だとしたら、ひとりひとりが独語しているからではなく、ひとりひとりが自己と、その心情と身体と記憶と、際限なく対話しているからだ。それは別に人間の特権ではない。生存競争そして捕食さえも対話である。それが単に直截な行為の相互作用であるにしても、少しでもためらいがあり、あいまいさがあるなら、そこには対話があり、対話の対話がある。死にいく人とも、死んだ人とも、対話はできないだろう。生きているものが幻想をわかちあうところに、対話は成立する。それは単に生きている脳が実行するぎこちない聴取と発話の機能にすぎないとしても……。

単に脳の働きであるにしても、精神はまったく過大なほどに横暴ではなかったか。脳の一部が損傷しただけで、精神はもう怪しくなってしまう、いかにも脆い機能なのに……。

そんなふうに脳が横暴だったとき、脳は対話し、無数の脳を巻き込んだ。身体の力ははるかに脆弱で、限られていた。対話が、陰謀、共謀、伝染であるなら、それよりはるかに脆弱な力の対話をひろいあげるほかない。
私と言葉の対話など何ほどでもなく、私という場所にたまたま集積した心情、記憶、思考、そしてそれらの難破した破片が、おびただしい対話の結果なのだ。それらは何ものでもないとしても、無ではない。無とは言葉なのだ、しかし言葉は無ではない
言葉が生であり、死であるということ自体も、言葉以外のものに原因がある。
言葉は死、言葉の死、そのことに中心まで深く冒された生は、初めから死とむつまじく親和していた……。

あとがき

二〇一五年一一月一三日パリの事件がずっと頭を離れない状態で、この本の校正刷りを点検していた。フランスのメディアに掲載された百余名の死者の名前とプロフィルを読み、写真を見ていった。現場の界隈に住む友人、知人の無事を確かめたい気持もあるが、死者の数字ではなく、とにかくひとりひとりの名前と顔に出会おうとしていた。

「こうして人々は生きるためにこの都会へ集まって来るのだが、僕にはそれがここで死ぬためのように思われる」。本文中に引用していたリルケの文章が目に飛び込んできた。彼が語ったパリの「死」は、もっと密やかな、孤独な死のことだったはずだ。そういう死を不可視にする都会の圧倒的な運動に抗って、見えない死を、リルケはあえて見ようとしたにちがいない。しかしあれから〈圧倒的な運動〉は、ますます圧倒的になっている。

〈兆候〉について考えるなら、死の〈兆候〉や暴力の〈兆候〉について考えることは避けられない。ところが言論も哲学も、〈兆候〉を読み解こうとして、予言のような意見を述べるとき、あの圧倒的な運動に巻き込まれ、しばしばその一部に吸収され加担してしまう。「兆候の哲学」というようなものがあるとすれば、それは〈予言〉とも、〈真理〉や〈正義〉の観念ともあいいれないが、何とかして〈圧倒的な運動〉を斥ける次元に、非力の力を保持しようとするものにちがいない。

しかしどんな言葉が、どのようにそれを実現しえているか、私には漠たる直感があるだけだ。この本に引用してきた数々の言葉が、すでにそういう言葉であり、『聖書』のなかにさえ、暴虐な力を斥けようとする言葉が含まれていて、人類はみずからのもたらした災厄に警鐘を鳴らしてきたはずなのだ。

この本は『真夜中』（リトルモア）編集の熊谷新子さんの提案にしたがって、フランス語の単語をアルファベット順に選んでもらい、それをきっかけに書き綴った文章を集め、新たに手を入れたものである（『真夜中』1〜9号、二〇〇八〜二〇一〇年）。この頃日本語版DVDが登場したジル・ドゥルーズの『アベセデール』は、私にとっても敬愛する哲学者の思想をかいつまんで要約する忘れがたい記録であり、熊谷さんもそれから発想されたかもしれない。『アベセデール』と内容的に関連するところはわずかしかないが、共鳴するところはきっとあるはずだ。

結果として、これは私自身に親密な思考のモチーフを次々掘り出し、いちいち点検するような初めての作業となった。改めてそれを書物のかたちにするには、一貫性や体系性をめざすわけではないが、26の断片をゆるやかに綴じあわせる鮮明な糸が必要と思えた。冒頭に付け加えたエセーに記したように、アルド・ロッシの『自伝』にそのきっかけを見つけた。ロッシの本を親しく読むようになったのは、田中純氏の『都市の詩学』に啓発されたことが大きい。
ラマルシュ・ヴァデルの写真掲載を快諾してくださった田原桂一さん、何度も、書き手の意図を深く酌んだ装丁をしてくださる菊地信義さん、私の「兆候」を敏感に察知して単行本化を実現していただいた青土社の菱沼達也さん、連載時のリトルモアの熊谷新子さんの熱意に感謝したい。

宇野邦一

二〇一五年一二月三日

言及した本

テーオドール・W・アドルノ『ミニマ・モラリア』三光長治訳、法政大学出版局
井筒俊彦『イスラーム文化』岩波文庫
ヴァージニア・ウルフ『波』川本静子訳、みすず書房
ヴァージニア・ウルフ『灯台へ』鴻巣友季子訳、河出書房新社
ヴァージニア・ウルフ「壁の染み」西崎憲訳、『ヴァージニア・ウルフ短篇集』筑摩書房、所収
梶井基次郎「冬の蝿」、『梶井基次郎全集』ちくま文庫、所収
キェルケゴール『あれかこれか』浅井真男訳、白水社
ファン・ゴッホ『ファン・ゴッホ書簡全集』二見史郎他訳、みすず書房
ナタリー・サロート『不信の時代』白井浩司訳、紀伊国屋書店
ジャン・ジュネ「……という奇妙な言葉」、『アルベルト・ジャコメッティのアトリエ』鵜飼哲訳、現代企画室、所収
アイザック・B・シンガー『タイベレと彼女の悪魔』大崎ふみ子訳、吉夏社
アイザック・B・シンガー『ショーシャ』大崎ふみ子訳、吉夏社
互盛央『フェルデナン・ド・ソシュール』作品社
瀧口修造「郷土詩について」、『コレクション瀧口修造13』みすず書房、所収
マルグリット・デュラス『緑の眼』小林康夫訳、河出書房新社
寺山修司『寺山修司歌集』思潮社
ジル・ドゥルーズ『スピノザ』鈴木雅大訳、平凡社
ジル・ドゥルーズ『感覚の論理』山県熙訳、法政大学出版局
ジル・ドゥルーズ『襞』宇野邦一訳、河出書房新社
フリードリッヒ・ニーチェ「曙光」茅野良男訳、『ニーチェ全集〈7〉』ちくま学芸文庫
ラフカディオ・ハーン『仏領西インドの二年間』上、下　平井呈一訳、恒文社

テレサ・ハッキョン・チャ『ディクテ』池内靖子訳、青土社
ロラン・バルト『零度のエクリチュール』石川美子訳、みすず書房
デイヴィット・ハロワー『雛鳥のなかのナイフ』谷岡健彦訳、（未刊）
ペーター・ハントケ『左利きの女』（映画）
土方巽『病める舞姫』、『土方巽全集Ⅰ』河出書房新社、所収
エンリーケ・ビラ＝マタス『バートルビーと仲間たち』木村榮一訳、新潮社
マルセル・プルースト『囚われの女』井上究一郎訳、『失われた時を求めて』8〈第5篇〉ちくま文庫
フェルナンド・ペソア『不安の書』高橋都彦訳、新思索社
カール・マルクス『資本論草稿集一八五七－五八』資本論草稿集翻訳委員会訳、大月書店
ロベルト・ムージル『特性のない男Ⅰ』加藤二郎訳、松籟社
ハーマン・メルヴィル『白鯨』上、下　千石英世訳、講談社文芸文庫
ハーマン・メルヴィル『ピエール』坂下昇訳、国書刊行会
ハーマン・メルヴィル『代書人バートルビー』酒本雅之訳、国書刊行会
矢野静明『モダニズム芸術論－思想の受容と倫理問題』（未刊）
ベルナール・ラマルシュ＝ヴァデル（Bernard Lamarche-Vadel), *Dans l'Oeil du Critique*, Musée d'Art Moderne de la Ville de Paris.
アルチュール・ランボー「地獄の季節」、『ランボー全詩集』宇佐美斉訳、ちくま文庫、所収
クラリス・リスペクトール『G・Hの受難』高橋都彦訳、『ラテンアメリカの文学12』集英社、所収
ライナー・マリア・リルケ『マルテの手記』望月市恵訳、岩波文庫
ジャン・ルーシュ／エドガー・モラン『ある夏の記録』（映画）
レヴィ＝ストロース『悲しき熱帯』川田順造訳、中央公論新社
アルド・ロッシ『自伝』三宅理一訳、鹿島出版会
ベッツィ・ワイエス『クリスチーナの世界』（ワイエス画集）難波英夫訳、リブロポート

（ただし訳文は、一部変更したり、私訳した場合もあります）

宇野邦一　（うの・くにいち）

島根県松江市生まれ。哲学者、フランス文学者。京都大学卒業後、パリ第8大学でジル・ドゥルーズの指導をうけ、1980年にアントナン・アルトーについての研究で博士号取得。1979年には「文学の終末について」が第22回群像新人文学賞評論部門優秀作となる。近年は身体、映像をめぐる思想的探求を続けている。立教大学名誉教授。著書に『ドゥルーズ——流動の哲学』（講談社選書メチエ）、『ジャン・ジュネ——身振りと内在平面』（以文社）、『＜単なる生＞の哲学——生の思想のゆくえ』（平凡社）、『映像身体論』、『吉本隆明——煉獄の作法』（以上、みすず書房）、『ドゥルーズ——群れと結晶』（河出ブックス）、『反歴史論』（講談社学術文庫）など。訳書にアントナン・アルトー『神の裁きと訣別するため』（鈴木創士氏との共訳）、ジル・ドゥルーズ＋フェリックス・ガタリ『アンチ・オイディプス』（以上、河出文庫）、ジャン・ジュネ『判決』（みすず書房）など。

〈兆候〉の哲学
思想のモチーフ 26

2015 年 12 月 25 日　第 1 刷印刷
2016 年 1 月 15 日　第 1 刷発行

著　者　　宇野邦一

発行人　　清水一人
発行所　　青土社
〒 101-0051　東京都千代田区神田神保町 1-29　市瀬ビル
電話　03-3291-9831（編集）　03-3294-7829（営業）
振替　00190-7-192955

印刷所　　双文社印刷（本文）
方英社（カバー、表紙、扉）
製本所　　小泉製本

装　幀　　菊地信義

Printed in Japan
ISBN978-4-7917-6903-2 C0010